EX LIBRIS KURT SCHILDE

DER FREUDE GIPFEL
IST EIN SCHÖNES BUCH

Eberhard Fechner / Jannet Fechner

La Paloma

*Für Ulrich*

Eberhard Fechner
Jannet Fechner

# La Paloma

Seemannsgeschichten

BELTZ QUADRIGA

© 1996 Quadriga Verlag, Weinheim, Berlin
Lektorat: Claus Koch
Herstellung: Iris Müller
Umschlaggestaltung: Federico Luci, Mailand
Umschlagbild: Deutsches Schiffahrtsmuseum, Bremerhaven
Satz: Satz- und Reprotechnik, Hemsbach
Druck und Bindung: Druckhaus »Thomas Müntzer« GmbH, Bad Langensalza
Printed in Germany

*»Ehre sei Gott auf dem Meere.*
*Er hat das Meer so weit bestellt*
*und tat damit seine Weisheit kund,*
*damit nicht jeder Lumpenhund,*
*mit denen die Erde so reichlich gesegnet,*
*dem ehrlichen Seemann da draußen begegnet.«*

# INHALT

Kindheit und Jugend im Kaiserreich  9

Lehrjahre  47

Auf großer Fahrt  65

Landgang  87

Rolling Home  93

Wieder an Land  103

Unterm Hakenkreuz  109

Krieg  121

Rückzug  139

Abgemustert  155

Wieder an Bord  163

Im Ruhestand  177

Nachwort von Eberhard Fechner  185

Erläuterungen  193

# Kindheit und Jugend im Kaiserreich

»Ich bin täglich an die Elbe gelaufen und habe meinen
Schiffen nachgeguckt. Und meine Frau sagte immer:
›Du wirst noch verrückt, wenn du so weitermachst!‹
Ich sag: ›Natürlich, ich bin's ja jetzt schon.‹«

*Herbert Stephan*

Ich heiße Herbert Stephan und bin am 8. April 1905 geboren, also schon ein altes Haus, und zwar in Oberschlesien, in Kattowitz, beziehungsweise Mislowitz. Das ist die frühere Dreikaiserreichsecke. Mein Vater war Postinspektor, und wir waren Nachbarn vom Prinzen von Hohenlohe. Unser Garten grenzte an seinen Park.

Ich hatte vier Geschwister. Zwei Brüder und zwei Schwestern. Ich war der älteste und der verzogenste. Die Schwestern meiner Mutter, die umtanzten mich, und ich habe dann ein Selbstgefühl bekommen, das mich nie im Leben verlassen hat.

Vom sechsten bis zum neunten Lebensjahr mußte ich in die Volksschule. Mein Vater bestand darauf. Er wollte wohl, daß ich ein bißchen volksverbunden werde oder so was. Nachher kam ich aufs Gymnasium in Lublinitz und war Fahrschüler. Wir mußten morgens um sechs aufstehen, da ging unser Zug. Der brauchte ungefähr eine Stunde. Das war ein Güterzug, an den einfach ein weiterer Waggon angehängt wurde. Ungeheizt, und in dem saßen wir. Meistens hatte dieser Zug auch noch Verspätung, und wenn wir dann morgens in die Schule kamen, waren wir halb erfroren. Und verpaßten immer die erste Stunde, die Mathematik-Stunde. Später wurde mein Vater nach Kattowitz versetzt, und ich besuchte dort das Gymnasium und machte da auch mein Abitur. Glücklicherweise konnte ich das Abitur noch mit Deutsch machen. Es war das letzte Abitur dieser Art nach dem Krieg. Als Fremdsprache hatten wir in der Oberprima zwei Sprachen wahlfrei: Hebräisch oder Russisch. Ich habe mein Abitur damals mit Russisch gemacht, zu einer Zeit, als noch niemand an Rußland dachte. Sehr viel später, als ich die »Shalom« übernahm, habe ich bedauert, nicht hebräisch gelernt zu haben.

Im Krieg hatten wir in der Schule nur Lehrerinnen, weil die Männer eingezogen worden waren. Und – was ich noch sehr schätzte – es war eine gemischte Klasse, für damalige Verhältnisse eine Besonderheit. Das Lyzeum war mit unserer Schule zusammengelegt worden, und so hatte ich die ersten Kontakte mit dem weiblichen Geschlecht.

Als der Krieg ausbrach, war ich um die acht Jahre alt. Und habe mich über die Begeisterung, die überall herrschte, gewundert. Und als ich später dann die Soldaten marschieren sah, mit Blumen in den Gewehren, hab ich mir gedacht: »Wie ist die Welt doch komisch. Die marschieren in den Tod und sind so fröhlich.« Das hat mich damals schon, als Kind, bewegt.

Bei Kriegsende war ich zwölf oder dreizehn Jahre alt. Es bedeutete für uns alle den Weltuntergang. Der Kaiser weg. Alles wurde polnisch. Die Soldaten marschierten ein, die Offiziere ritten auf Pferden. Und irgend jemand hatte eine schwarze Flagge aus dem Fenster hängen, da stand drauf: »Ich hatte einst ein Vaterland.« Das hat mich sehr beeindruckt. Natürlich haben die Polen die Fahne dann gleich wegnehmen lassen.

Während meiner Schulzeit habe ich immer nur von der Seefahrt, also von Schiffen, geschwärmt und auch von fernen Ländern, die ich gerne kennenlernen wollte. Davon habe ich immer phantasiert. Mein glühender Wunsch, Seemann zu werden, war schon da, als ich ganz klein war. Ich hatte einen Freund in Koschentin, einen Lehrer, der bei uns zu Hause verkehrte. Er lud mich im-

12

mer zu sich ein, und ich konnte die halbverstaubte Bibliothek oben auf dem Dachboden der Dorfschule durchstöbern. Ich fand da Jules Verne, habe »Robert, der Schiffsjunge« gelesen und all diese Seegeschichten und hauptsächlich auch die Beschreibungen von fernen Ländern. Das hat mich fasziniert.

Nach meinem Abitur wurde der große Familienrat einberufen. Mein Vater war streng dagegen: Nein, ich sollte Bankkaufmann werden. Na ja, ich hab es dann doch durchgesetzt. Ich konnte mich beim Schulschiffverein bewerben und wurde dort angenommen, das war im Juni 1923. Ich bin dann in der vierten Bahnklasse nach Hamburg gefahren, denn es mußte ja billig sein. Mein Vater sagte mir: »Denk daran, daß ich noch vier Kinder habe, ich will mein Geld nicht für deine abenteuerlichen Gelüste ausgeben!«

Morgens um sechs kam ich an. Um acht Uhr sollte ich mich melden, die Navigationsschule war nahe beim Zirkus Busch. Da kommt so ein väterlicher, alter Herr längs, und ich frage: »Können Sie mir freundlicherweise sagen, wo ich zum Zirkus Busch komme?« Da sagt er: »Junge, Junge, dor möst du mit der Sostein fohrn!« Ich dachte, was spricht der denn für ein Englisch? Vor der Schule stand an Land so ein Schiff, ein Segelschiff. Das hat nie einen Fuß Wasser unterm Kiel gehabt. Als ich da ankam, sah ich, wie die Jungs da hochkletterten und Segel festmachten und wieder losmachten. Die übten das. Es war auch wieder Nieselregen in Hamburg, wie's immer ist, und diese ollen Lappen hingen da runter wie so Trauerlappen. Und so fing ich da an.

Nach zwei Monaten hab ich mich gemeldet und bat,

zum Zahnarzt gehen zu dürfen. Und fuhr so mit der Fähre nach Hamburg rein. Da sah ich an der Werft hinten zwei Segelschiffe liegen. Einen Dreimast-Rahschoner »Vater Vietor« aus Bremen und die wunderschöne Yacht »Hussarik«. Ich ging dann zur Werft rein und beschloß, zuerst auf dem Dreimast-Rahschoner mein Glück zu versuchen. Ich fragte den Kapitän, ob ich nicht anheuern könnte, als Schiffsjunge. Er fragte mich nach meiner Ausbildung, nach meiner Schulbildung und nach meinen Absichten aus. Ich antwortete, ich wollte mal Kapitän werden. So ganz großkotzig. Er guckte mich etwas verblüfft an und sagte dann: »Du kannst morgen anfangen.« Ich dachte, der Himmel öffnete sich für mich. Rannte zurück zur Seemannsschule, wo mich der gute Kapitän dort auch laufen ließ. Und so musterte ich auf dem wunderschönen Dreimast-Rahschoner »Vater Vietor« an.

»Viele haben ja nur gejammert, daß sie fahren müssen.
Ich hab denen gesagt: ›Dann bleib doch zu Haus, werd
doch Schuster oder Schneider.‹ Und das war ja auch am
Segelschiff so, die Spreu, die schied sich vom Weizen.
Wenn ein Junge eine Kap Hoorn-Reise gemacht hat
und ein Muttersöhnchen war und blieb, hat er keine
zweite Reise gemacht. Der blieb zu Hause und wurde
dann Schuster oder Schneider oder sonstwas.«

*Otto Hermann von Essen*

Ich bin am 15. Januar 1903 in Nienstedten geboren. War das noch Hamburg, oder war das schon Preußen? Keine Ahnung.

Mein Name ist Otto Hermann von Essen. Ich bin benannt worden nach dem Schwager meiner Mutter, dem Otto Jessen. Mein Vater hat Maschinenbauer gelernt bei der Stülkenwerft und hat auf der Technischen Hochschule sein Examen gemacht. Und durch den Umbruch der Technik seinerzeit von den Segelschiffen auf die Dampfer ist er zwischendurch auch zur See gefahren, bis er seinen Maschinist Eins machen konnte. Genau wie bei uns Kapitänen muß man vor dem Examen seine praktische Zeit durchgefahren haben. Er ist dann zum Germanischen Lloyd gekommen und wurde Chef für die Abteilung Elbe-Gebiet. Wir waren vier Kinder. Ich habe zwei Brüder und eine Schwester. Meine Mutter war eine geborene Büns. Unsere Schule fing um acht Uhr an. Und wir mußten kurz nach sieben Uhr aus dem Haus. Da stand dann mein Vater, sauber rasiert, mit der Joppe und paßte auf, daß jeder sein Schulbrot schmierte. Jeden Morgen stand er da. Und mitunter erschien meine Mutter noch zum Abschied, allerdings im Morgenrock. 1910 war ich sieben Jahre alt und kam in die Kuratoriumsschule. Im zweiten Jahr fuhr der Kaiser mit der Kaiserin an unserer Schule vorbei. Der Kaiser erst mit seinem Auto, der fuhr weiter, der hielt nicht. Aber die Kaiserin kam mit dem Viererzug und den Pferden, hielt an der Schule an, und meine Mitschülerin Gertrud Tode durfte ihr einen Blumenstrauß überreichen. Wir waren natürlich alle mit Marineblau, alle drei Vorschulklassen. Gesungen haben wir nicht.

Genau 1914 kriegte ich Blinddarmentzündung. Da hat mein Vater gesagt: »Raus damit! Jetzt kommt Krieg, und nachher sind die Lazarette voll!« So wurde ich dann am Blinddarm operiert und dadurch in der Schule um ein halbes Jahr zurückgesetzt.

Im berühmten Steckrübenwinter 1916 war ich dreizehn Jahre. Wir gingen alle noch in die Schule, und unsere Mutter hat uns mit Steckrüben, Steckrübenkuchen und weiß der Teufel mit was noch allem durchgebracht. Ich wollte gerne Marineoffizier werden, aber mein Vater meinte, das ist ja wohl nichts! Oder willst du zur See fahren?

Bei uns zu Hause waren so zwei Sessel, und in denen durften wir eigentlich nie sitzen, die waren nur für meinen Vater und für meine Mutter. Da sagte er in seinem Sessel: »So Junge, nu setz dich da mal hin!« Und wir unterhielten uns. Ich hatte mir die Schiffsbilder immer genau angeguckt. So mit Segelschiffen wußte ich ganz gut Bescheid. Und am 5. Oktober 1919 kriegte ich denn meinen Einjährigenzettel ausgeschrieben. Und neun Tage später verschwand ich aus dem Haus und wurde als Schiffsjunge auf der »Prinzess Eitel Friedrich« gesehen. Nach vier Wochen allerdings auf dem »Großherzog Friedrich August«. Und da hab ich denn meine Schiffsjungenausbildung gemacht.

»Und einmal in der Woche gab es angeblich
Frischbrot. Da hatte der Koch sich was zusammengetan, was sowieso kein Aas essen konnte.«

*Paul Frackowiak*

Mein Name ist Paul Frackowiak. Geboren am 1. April 1906 in Hamburg auf St. Pauli. Mein Vater war Maler, und zwar Schiffsmaler bei der Hapag. Erst ist er auch zur See gefahren, auf Fischkuttern.

Ich habe eine Schwester, die lebt in Cuxhaven. Wir waren an sich eine große Familie. Meine Mutter hatte noch sieben Geschwister, und die hatten auch alle einen Haufen Kinder. Und wenn meine Großmutter mal Geburtstag hatte, da war da fix was los.

Zum Pferderennen, zum Derby hier in Hamburg, kam Kaiser Wilhelm. Ich ging damals noch in den Kindergarten. Wir kriegten da so einen Papphelm auf, Säbel um und eine kleine Fahne. Da mußten wir uns alle hinstellen, und wenn er mit dem Auto vorbeikam, mußten wir winken. Und später, als wir dann zur Schule gingen und der Kaiser hatte Geburtstag, sind wir morgens hin, hatten nur eine Stunde und mußten singen: »Der Kaiser ist ein lieber Mann und wohnet in Berlin!« Und konnten dann wieder nach Hause gehen. Sonnabends mußte ich immer zum Pferdeschlachter und Beefsteak holen. Pferdebeefsteak, so ein Ende Pferdebrust.

Ich glaube, ich habe fünf oder sechs Schulen durchgemacht. Wir zogen immer um. Als der Krieg ausbrach, wohnten wir in der Sophienstraße. Alles schrie Hurra und wir liefen hinter den Soldaten her, die da Blumen an ihren Gewehren hatten. Mein Vater wurde kurz darauf auch eingezogen. Der war bei den Pionieren und ist dann auch verwundet worden.

Meine Mutter hatte sich schon vor dem Krieg eine Nähmaschine gekauft, und darauf hat sie jetzt immer Uniformen genäht. Die mußte ich dann mit dem

19

Kinderwagen zu einer großen Zeugfabrik nach Altona fahren. Diese Fabrik hatte sich auf Militärzeug umgestellt. Und später, als der Krieg vorbei war, hat meine Mutter Gummimäntel geklebt und genäht. Alles in Heimarbeit.

Nach dem Krieg war mein Vater beim Arbeiter- und Soldatenrat. Er war auch, glaube ich, in der Partei, in der SPD.

Mit zehn Jahren wurde ich von der Schule aus nach dem Lande verschickt. Zum Kühehüten. Nach Mecklenburg, in die Nähe von Güstrow. Und da hab ich es ganz gut gehabt. Es gab dort viel zu essen und zu trinken. Und da bin ich jedes Jahr gewesen und hab Kühe gehütet. Ich wollte Förster werden. Weil ich ja die ganzen Jahre auf dem Lande war. Ich wußte mit dem Viehzeug umzugehen und mit der Ernte und mit der Aussaat, das hab ich ja alles mitgemacht.

Und mit einem Mal hatte ich keine Lust mehr. Meine vier Onkels waren alle Segelmacher, und da hat der eine gesagt: »Komm, ick nehm di mit nach mien Meister!« Ich kriegte ja keine Lehrstelle, genauso wie das heute ist. Hat er mich mitgenommen nach Altona. Ich mußte vier Jahre lernen. Meine Zeichnungen von der Gewerbeschule kamen sogar im Holstenwall in die Lehrlingsausstellung, die Segelrisse und die Yachten, die wir zeichnen mußten. Während der Lehrzeit war Inflation. Normalerweise bekamen wir monatlich drei Mark, fünf Mark, sieben Mark und acht Mark das jeweilige Jahr. Und nun kriegten wir so eine Handvoll Geld, das konnten wir wegschmeißen. Kriegten nicht mal eine Zigarette dafür. Am 1. April, an meinem Geburtstag, habe ich die Gesellenprüfung gemacht. Wir mußten als Gesellenstück ein fix und fertiges Segel anfertigen. Auch Zuschneiden, ganz allein, da durfte keiner ran. Und ich habe einen Flieger vom Vorschiff gemacht. Ich habe mit Gut abgeschnitten und mein Baas – die Meister nennen sich Baas – hat gesagt: »Ja, wenn du nu man ein bischen eher en Schipp kriegst, dann kann ick di auch eher lopen lassen!« Ich bin dann gleich an die Küste runter nach dem Heuerbaas hin. Und der hat in seinem Buch geblättert und gesagt: »Ich kann dich bloß als Zweiten Segelmacher und Leichtmatrosen anheuern – auf der ›Pamir‹«. Und so war ich am 1. April auf der »Pamir«.

»Ich war selten zu Hause. Wenn eines von den Kindern
Geburtstag hatte, wo war der Vater? Nicht da!
Ich war nie da.«

*Walter Wolff*

Mein Name ist Walter Max Ernst Wolff, mit Doppel-f, und geboren bin ich in Liepgarten, in Pommern, es liegt am Stettiner Hafen. Mein Vater war Maschinenbauer. Er hat in Stettin gearbeitet in der Hochlandwerft. Meine Mutter ist in Liepgarten geboren. Vater hat sie dort kennengelernt, da haben sie auch geheiratet, und da ist sie auch gestorben.

Ich hatte eine Schwester, die war ein Jahr jünger. Sie war Krankenschwester in einer Nervenanstalt, Verrücktenanstalt, wie man so sagt. Wo Leute, die viel Geld hatten, ihre Verwandten ablieferten, um an deren Erbe ranzukommen, ist ja heute auch noch so. Da hat sie gearbeitet, in einer kleinen Stadt für sich. Treu. Einmal kippt sie eine Blumenvase um, wischt alles auf und wringt danach den Feudel aus. Und wenn Blumen länger stehen, muß das Wasser ja giftig sein. Sie schneidet sich in die Finger, kriegt nachts hohes Fieber und stirbt im Arm meiner Mutter an Blutvergiftung.

1914 war mein Vater im Krieg, meine Mutter mußte in der Fabrik arbeiten: Handgranaten, Eierhandgranaten, die aus dem Flugzeug rausgeworfen wurden, mußte sie drehen.

Und ich mit meinen sechseinhalb Jahren hab in der Eisengießerei das flüssige Eisen immer in die Form reingekippt. Wir durften doch alle keine Schuhe tragen, sondern Pantoffeln, damit das flüssige Eisen nicht im Schuh blieb, sondern wieder rauslief und der Fuß nicht ganz verbrannte.

An Kaiser Wilhelms Geburtstag, 31. Januar, hatten wir schulfrei und mußten »Heil dir im Siegerkranz« singen. Wie der Kaiser Wilhelm durch die Städte gereist ist, was er ja manchmal tat, habe ich mich immer geärgert. Früher waren die Straßen und Häuser ja ziemlich dreckig. Und wenn Kaiser Wilhelm kam, wurde alles immer schön saubergemacht und gefegt. Da hab ich immer gesagt: »Der kann es doch so sehen, wie es in Wirklichkeit ist!« Vater war Gewerkschafter und SPD – die ist ja heute gar keine Arbeiterpartei mehr, alles Beamte und Angestellte. Und ich war im Turnverein. Vierzehn/achtzehn war er in russischer Kriegsgefangenschaft. Er hatte einen Granatsplitter neben dem Herzen. Den konnten sie damals nicht operieren. Und nach seiner Rückkehr war er dann arbeitsunfähig. Und sein letzter Wunsch war, daß ich Maschinenfach lernen sollte – wie er. Aber ich wollte zur See fahren.

Wenn mir mein Onkel Robert von der Seefahrt erzählte, ach, denn hab ich aufgelebt und mir gesagt: du mußt Seemann werden! Und so bin ich dann Holzwurm geworden.

Boots- und Yachtbau. Dreieinhalb Jahre habe ich in Ueckermünde gelernt. Ein weitläufiger Verwandter, der früher mal zur See gefahren war und wieder nach Bremerhaven zurückwollte, dem hab ich die Hölle heiß gemacht: »Du nimmst mich mit, du nimmst mich mit!« Muttern hat mir heimlich ein paar Mark mitgegeben, und so kam ich dann nach Bremerhaven. Und mein Vater war böse, sehr böse, als ich zur See ging. Wir haben uns eigentlich nicht wieder vertragen.

Auf dem Heuerbüro standen sie Schlange, aber zweihundert, dreihundert Meter in der Schifferstraße war das Seemannsamt, und die haben mir ein Seefahrtsbuch besorgt, mit Stempel und allem – bloß kein Schiff drin. Das kriegte ich dann auf der paritätischen Heuerstelle, die nahmen Heuer auch für fremde Schiffe; von denen bekam ich ein norwegisches Schiff, und so wurde ich Seemann.

»Dann saß ich am Atlantik an einem Ufer, hab in die
Sterne geguckt und dachte: ›Ach Gott, wenn du mal
fünfundsechzig wirst und dann noch sieben Jahre,
das wär schön.‹«

*Julius Hermann Goering*

Ich heiße Julius Hermann Goering. Aber mit oe, denn meine Vorfahren, die aus Tolk stammen, die schrieben sich damals mit e. Das waren Bernsteinfischer. Geboren bin ich am 26. Juli 1903 in Groß-Flottbek, also damals in Preußen. Da haben die Gebrüder Wright ihre ersten Versuche mit einem Motorflugzeug gemacht. Also bin ich so alt wie die Motorluftschiffahrt.

Mein Vater war beschäftigt in einer Bahn von Ottensen bei der Firma Halle-Meurer. Er war da Korrespondent, hauptsächlich für fremde Sprachen. Wir hatten unsere Wohnung in einem kleinen Einzelhäuschen. Ein kleiner Garten mit einer Sandkiste. Meine Mutter war in derselben Firma wie mein Vater beschäftigt. Da haben sie sich kennengelernt und dann geheiratet. Aber leider, leider haben sie sich später getrennt. Mein Bruder war gut ein Jahr älter als ich. Wir sind beim Vater geblieben und haben im Eppendorfer Weg 107 in Hamburg gewohnt, zusammen mit einer Schwester meines Vaters, also einer Tante, und einem Onkel, außerdem war da auch noch ein Sohn. Und so waren wir sechs Menschen in einer großen Fünfzimmerwohnung. Meine Lieblingszeit habe ich neben der Schule beim Sport verbracht.

Zur Schule mußte ich gehen, weil das alle mußten, aber im Sportverein bin ich freiwillig gewesen. Ich bin damals, 1914, das weiß ich noch genau, in den Sportclub Viktoria eingetreten. Die Turnhalle war in der Wrangelstraße. Ich hatte einen Mantel an, denn es war kühl. In der Tasche hatte ich eine kleine Pfeife, denn schon damals spielten wir gerne Indianer und Trapper und haben dabei auch ab und zu mal 'ne kleine Pfeife geraucht. Na ja, mit getrockneten Kirschblättern oder irgendwas anderem, Kastanienblättern. Und ich habe gedacht, die mußt du jetzt wegwerfen, nun mußt du artig sein, ein anständiger Bursche, die wollen keine unanständigen Jungens haben. Brust raus, alle Mann an Deck, nun wirst du Sportler. Und bin dann jahrelang dabeigeblieben, bis 1923.

Wenn der Kaiser nach Hamburg kam, traf er immer am Dammtorbahnhof ein. Das war damals die Station für die Könige und die Kaiser, die Hamburg besuchten. Die stiegen am Dammtor aus. Und wir, die Jungens, mußten antreten beim Weidenstieg, bei der Christuskirche, mit Heil, Heil oder Hurra, Hurra, Hurra – so wurde der Kaiser empfangen. Dann fuhr er weiter nach Bahrenfeld zur Exerzierweide. Zu Kriegsbeginn 1914, das weiß ich noch genau, wollte mein Vater mit uns Jungens an die Ostsee fahren. Wir hatten Verwandte in Lübeck und wollten uns da treffen. Aber daraus wurde dann nichts mehr, weil der Krieg ausgebrochen war.

Dann kam die Schlacht bei Tannenberg. Und Hindenburg und Ludendorff brachten uns die Siege. Die Russen wurden wieder rausgetrieben, zurückgedrängt aus Ostpreußen – da fiel uns damals schon als Kind ein kleiner Stein vom Herzen. Das war doch etwas: Gott sei Dank sind sie nicht nach Deutschland mehr reingekommen, sondern etwas zurückgeschoben worden.

Am tiefsten in Erinnerung ist mir der Steckrübenwinter geblieben, 1917, glaube ich. Morgens Steckrüben, Steckrübenmarmelade, auch Steckrübenbrot, abends Steckrüben. Steckrüben anstatt Kartoffeln.

Nach der Schule wollte ich Kaufmann werden. Denk ich, nun suchst du dir selber was, nimmst dein Leben in die

28

Hand. Also hab ich mir eine kaufmännische Lehrstelle besorgt. Und als ich nach Hause kam und sagte: »Vater, Vater, ich kann da und da anfangen!«, antwortete er: »Gut, daß du eine Lehrstelle gefunden hast. Aber um Kaufmann zu werden, ich weiß es aus eigener Erfahrung, bist du zu dumm!« Das war ein kleiner Keulenschlag für mich. »Ich glaube, für dich ist es besser, du lernst ein Handwerk. Sieh mal, vielleicht kannst du das machen, was dein Großvater gemacht hat. Der hat ein Handwerk gelernt, Maschinenbauer, und ist nachher Ingenieur geworden. Vielleicht ist das doch besser für dich, für deinen Lebensweg.« Wie das damals so war: Vater hat das letzte Wort! Wir haben ein Schreiben an die damalige Vulkanwerft aufgesetzt, was klappte, denn ich wurde dort als Schiffbauerlehrling eingestellt. Das war 1920 gewesen. Nur die Tanten, die schlugen die Hände überm Kopf zusammen und sagten: »Wie kannst du bloß den zarten Erich auf die Werft schicken? Unter die Werftleute?« Die Tanten waren wirklich bestürzt, aber ich hab es gemacht.

Und es war so faszinierend, als kleines Menschenkind dahin zu gehen, und mit dir kommen die Tausende, und vor dir das große Gerüst, die Helgen, wo die Schiffe unten gebaut werden, und oben fahren die Krähne längs. Da ist man doch so eingenommen von dieser Welt, daß ich mir sagte: »Ach, das ist aber gar nicht verkehrt. Du mußt dich hier nur irgendwie durchringen und dich durchsetzen. Das ist doch interessant hier.«

Nach der Lehre bin ich erstmal aufs Technikum gegangen ins erste Semester. Außerdem hatte ich mich beim Norddeutschen Lloyd beworben. Und eines Tages kam von dort ein Schreiben: »Sie sind bei uns engagiert, werden eingestellt. Sie können nach Stettin fahren. Dort liegt das Schiff ›Erfurt‹. Der Motor wird dahin transportiert und an Ort und Stelle montiert. Melden Sie sich bitte und geben Sie uns Nachricht.« So wurde ich Maschinenassistent beim Norddeutschen Lloyd und bin auf diese Weise dann zur Seefahrt gekommen.

»Die Seefahrt ist doch letzten Endes ein bißchen eintönig, weil immer nur Häfen und Häfen und Ozeane,
gut, aber was kommt hinter dem Hafen?«

*Dr. Karl Martin Helbig*

Mein voller Name lautet Karl Martin Helbig. Und in verschiedenen Ländern, in denen ich dann zu tun hatte, wurde ich Carlos oder Carlo oder Charlie gerufen, und Martin blieb gewöhnlich weg. Also Karl Helbig. Geboren bin ich am 18. März 1903 in Hildesheim. Unsere Eltern waren einfache, schlichte und für uns vorbildlich bescheidene Leute. Nur die Mutter war schon früh kränklich und ist dann auch früh gestorben. Mein Vater war gelernter Schmied. Und zwar Kupferschmied, der an Denkmälern und an Brunnen arbeitete. Später hat er dann eine Ingenieurschule besucht, er wurde Ingenieur und hat auf Werften gearbeitet. Dann bekam er in Hildesheim eine Anstellung in einer Fabrik. Doch nach drei Jahren wurde die Fabrik auf ein Dorf verlegt, weil da die Mieten billiger waren, genau wie heute.

An Hildesheim kann ich mich noch erinnern. Statt der bisherigen Petroleumlampen bekamen wir irgendwann elektrischen Strom. Mein Vater hatte alle unsere Petroleumlampen selbst geschmiedet, zu schönen Kronleuchtern. Ich sehe ihn noch sitzen, wie er das nun alles umarbeitet auf elektrische Lampen. Dann kamen die ersten Flugzeuge und das erste Auto, ungefähr 1910 oder 1911, ein hochbeiniges Dings mit Speichenrädern. Völlig neu für uns. Und es kamen große Manöver ringsherum, also große Truppenaufmärsche mit Biwaks auf den Feldern. Das größte Ereignis war in jedem Jahr im Herbst. Dann kam Seine Majestät, der Kaiser mit seinem Sonderzug, seinem blauweißen Sonderzug, und stieg auf unserem jämmerlichen Bahnhof, der ganz mit roten Läufern belegt war, aus. Draußen standen schon die Kutschwagen mit gestriegelten und geschmückten Pferden, und mit denen fuhr die ganze Belegschaft in einen Saupark bei Springe. Dort schoß er dann von einer Kanzel aus die vorbeigetriebenen Wildschweine ab, in Massen, das war eben sein Herbstvergnügen. Der Chef der Fabrik und mein Vater als Honoratioren in dem Dorf wurden als Zaungäste mit eingeladen und durften nachher die Wildschweine billig kaufen.

Ich hatte noch eine Schwester, die etwas älter war. Wir fuhren in die Schule nach Hildesheim mit der Bahn. Wir waren Fahrschüler.

Nach der Mittelschule wurde ich ins Realgymnasium, in die Sexta, die unterste Klasse, übernommen. Der Unterricht auf das praktische Wissen war gut, aber es war eben alles auf Patriotismus abgestellt. Es war alles abgestellt auf Monarchie und auf Hurra und auf Krieg, was sich nachher bei Ausbruch des Krieges in verschiedenster Weise bemerkbar machte.

Als dann der Krieg ausbrach, war ich elf Jahre. Zunächst fielen unsere Züge nach Hildesheim aus. Aber Tag und Nacht rollten die Personen- und die Güterzüge, geschmückt mit Blumen und mit Fähnchen und mit Aufschriften, gen Westen. Also mußten wir mit den Fahrrädern mühselig versuchen, den weiten Weg nach Hildesheim zu kommen.

Die ersten Lehrer wurden eingezogen. Aber was uns am meisten bewegt hat, waren die Aufschriften an den Güterwagen und den anderen Waggons, dieses Siegesbewußtsein: »Kleine Spazierfahrt nach Paris.« Der bekannteste Spruch war. »Jeder Schuß ein Russ', jeder Stoß ein Franzos', jeder Tritt ein Brit', die Serben müssen alle sterben, und über die Montenegriner lachen ja die

Hihner.« Alles war auf den siegreichen Krieg ausgerichtet, wie viele umgebracht werden würden, war egal.

Nach den ersten großen Siegen, Lüttich, Namur und so weiter, wurden wir in die Aula gerufen. Da war ein großer hölzerner Adler mit Schwingen aufgestellt, der Reichsadler. Und für jedes goldene Zehnmarkstück, das wir unseren Eltern abgebettelt hatten, durften wir in den Hals und in die Flügel einen kleinen eisernen Schuhnagel hineinschlagen und für ein Zwanzigmarkstück einen großen Schuhnagel in den Schenkel und in den Kopf. »Gold gab ich für Eisen«, und zu Hause lagen wertlose Papierlappen und billige Münzen. Außerdem wurden wir von unserem Direktor, einem sehr patriotischen Mann, angehalten, jeden Urlauber, der durch die Straßen ging und das Eiserne Kreuz trug, in strammer Haltung zu grüßen. Wer das nicht tat, wurde von dem Direktor persönlich zusammengeboxt. So ungefähr lief das ab.

Während des Krieges wurde die Stimmung in dem Moment anders, als die ersten sogenannten amtlichen Verlustlisten auftauchten, die nach wenigen Monaten aber fürsorglich schon wieder eingezogen wurden und nicht mehr erschienen. Es gab die ersten Schwerverwundeten und Toten unter der Dorfbevölkerung, unter der Fabrikbelegschaft, unter den Primanern. Da war der Tod schon mitten dazwischen.

1918 kam der erste große Zusammenbruch des Deutschen Kaiserreiches. Und im letzten Schuljahr fand dann der Kapp-Putsch statt. Da kamen die Werber, die für den Kapp Freiwillige suchten. Wir Schüler, die wir mitmachten, waren im Rathaus zusammengekommen, hatten unsere Waffen und unsere Armbinden erhalten, und mitten in der Stadt, im Ladenviertel, kam es zu regelrechten Schießereien. Einer von unseren Kameraden bekam einen Bauchschuß, lag auf der Straße und ist gestorben. Wir wurden von den anderen völlig überrannt. Bewaffnete Soldaten trieben uns auf den Kasernenhof. Mit unseren Waffen über der Schulter. Die Karabiner hatten ja so Tragriemen. Und keiner wußte, was geht jetzt vor sich, was sollen wir da? Werden wir erschossen oder was?

In der Mitte des Kasernenhofes stand ein großer Amboß, und daneben ein riesenhafter Mann. An dem mußten wir einzeln vorbeimarschieren, ihm unser Gewehr geben und mit einem einzigen Schlag zerbrach er das auf dem Amboß in zwei Stücke und schmiß die eine Hälfte dahin und die andere dahin. Und machte so ein Zeichen, so, nun kannst du losgehen. Und das hat mehr gewirkt als alles andere.

1921 bin ich von der Oberprima abgegangen und habe bei meinem Onkel ein Jahr Landwirtschaft gelernt. Dann brauchte er mich nicht mehr. Da habe ich mich umgesehen in der Nachbarschaft von Hildesheim und fand als Fördermann eine Stelle in einem Kalibergwerk. Da hab ich den ganzen Winter gearbeitet bis in den April hinein. Und ging dann auf die Walze nach Thüringen und arbeitete dort in einer Ziegelei. Als mein Vater sehr krank wurde, bin ich zurück und habe in Göttingen angefangen, Agrarfächer zu studieren. Aber gleichzeitig mußte ich irgendwie Geld verdienen und fand in einem Doppelkrankenhaus eine Anstellung als Heizer für die Zentralheizungen und die Warmwasserversorgung. Dort bekam ich auch einen Raum, in dem ich schlafen

konnte und ein freies Mittagessen und noch ein paar
Mark dazu.

Als mein Vater kurze Zeit später mitten auf der Straße einen Herzanfall hatte und ins Krankenhaus mußte, habe ich das Studium abgebrochen, weil auch meine Schwester noch in der Ausbildung war. Ich wußte, jetzt fängt ein völlig anderes Leben an, jetzt mußt du versuchen, für die Familie irgend etwas zu tun. Ein Kommilitone aus Göttingen sagte zu mir: »Fahr doch mal nach Bremen. Ich habe dort in den Ferien Arbeit am Hafen gefunden. Fahr doch mal hin. Und dann gehst du zu dem Schlachtermeister Osterwald am Kröpeliner Deich, mit dessen Tochter habe ich ein kleines Techtelmechtel gehabt, und dem bestell schöne Grüße von mir, und dann läuft das schon irgendwie weiter.« Und dann bin ich wieder nach Hause, hab mir ein paar Sachen zusammengesucht und bin nach Bremen gefahren, in den Hafen gegangen und bekam da auf Anhieb Arbeit. Am liebsten würde ich eigentlich zur See fahren, habe ich mir gedacht, dann hätte ich Unterkunft, Essen und Arbeit und kriegte sogar noch Geld dazu.

Ich hatte Glück, der Schwager des Schlachtermeisters war bei der Hansa-Linie, einer großen Bremer Reederei, beschäftigt und sagte: »Das trifft sich gut. Gehen Sie mal gleich in den Hafen, da liegt der Dampfer ›Drachenfels‹, die brauchen einen Trimmer, und da melden Sie sich beim Chief.« Freudestrahlend bin ich sofort zum Hafen und fand dort auch das Schiff. Unten an der Gangway, an der Brücke, habe ich mich bei der Wache erkundigt, wer der Chief wäre und wo ich den wohl fände. Er stand auf dem Achterdeck. So ein richtiger kleiner Fürst von der Unterweser, sehr selbstbewußt. Ich ging auf ihn zu und richtete ihm aus, daß ich mich hier als Trimmer melden sollte. Aber ich wußte immer noch nicht, was ein Trimmer war. Da stellte er die Frage: »Können Sie Hitze ab? Können Sie Karren schieben?« Ich sagte: »Ja!« – »Jo, bi uns schaukelt dat aber!« – »Na gut«, sagte ich, »das müssen ja alle lernen!« Und dann kam seine erlösende Antwort: »Dann gehn Se man so schnell als möglich an Land und holen Se Ihre Plünnen. We goht forn Abend noch rut!« Das war mein großer Umbruch von Land zu See.

»Ja, die Währungsreform. Es war auf einen Sonntag.
Am Montag fiel der Vorhang. Die hatten über Nacht
alles eingeräumt. Und hatten alles, wie im tiefsten
Frieden. Und ich hatte natürlich auch gute
Ware im Keller.«

*Paul Rauch*

Mein Name ist Rauch. Paul Rauch. Rauch, schöner Name. Ich bin am 3. April 1914 in Hamburg geboren und bin aufgewachsen in St. Georg. In St. Georg-Kirchhof haben wir gewohnt. Mein Vater war Kaufmann in der Firma seines Vaters im Hafen, im Freihafen. Dann hat er sich selbständig gemacht und in der Spitalerstraße ein Geschäft gehabt, eine große Vogelhandlung. Aber 1942 starb er, das Geschäft schlief ein, und meine Mutter heiratete wieder. Einen Friseurmeister auf St. Pauli. Der hatte dort ein Friseurgeschäft, ein recht gu-tes. Er war auch Seemann. Ich hatte noch einen Bruder und eine Schwester und später noch einen Stiefbruder.

Zur Schule ging ich am Borgesch. Davor war das Hotel Reichshof, und da sah ich immer die schmucken Pagen. Das war ein dolles Ei, wie die da ankamen mit diesen goldgeschmückten Dingern und so betreßt. Die Schule fand ich ein furchtbares Übel. Ich bin dreimal versuchsweise versetzt worden.

Das einzige, was ich gerne mochte, war das Laufen, Turnen und Boxen. Mit dem Boxen hab ich schon als Achtjähriger angefangen. Es war ja kein Geld da, und die Arbeitersöhne, was sollten die sonst machen? Die was besseres waren spielten Schlagball oder Tennis. Da hätten sie uns vom Platz gejagt, wenn wir dahin gekommen wären. Also gingen wir zum Boxen. Sonst hatte ich an sich eine ganz ruhige Kindheit, bis auf meine Schwänzerei in der Schule.

Meine Mutter war eine sehr sparsame Frau und eine phantastische Köchin gewesen. Sie machte aus allem etwas. Und das habe ich immer nachgemacht. Wenn ich bei meiner Oma war, hieß es immer: »Das kann Paul ko-

chen!« Ich glaube, ich bin mit dem Kochlöffel einge-
schlafen und auch wieder aufgewacht. Schon als kleiner
Junge wollte ich unbedingt immer Koch werden. Aber
Page, Page sollte der Vorläufer sein.

Im Hotel »Schwarzer Adler« in Kyritz sollte ich lernen,
aber nachdem ich mehrere Male von dort abgehauen bin,
bin ich in den Reichshof und wurde dort als Page eingestellt. Mich aber zog es immer in die Küche. Und wurde
dort gefragt: »Was willst du hier?« – »Ich wollte gerne
mal gucken, ich will Koch werden!« – »Nein, du bist zu
klein!« Und irgendwann konnte ich doch mit dem
Küchendirektor sprechen. »Wo steht er denn?« fragte er.
Ich stand vor ihm. »Um Gottes Willen!« sagte er, »was
sollen wir mit dem Pipifax anfangen?« Ich hab ihn nur
angeguckt. »Also gut, komm!« Und ein Jahr bin ich da
mehr oder weniger so rumgeschliddert. Es gab neun
Öfen, riesige Eisenöfen. Und ich konnte ja nicht einmal
so einen Ring tragen, der wog mehr als ich, den konnte
ich gar nicht hochnehmen. Und die Töpfe, wenn die mit
Wasser gefüllt waren, schon gar nicht. 1935 habe ich die
Prüfung gemacht, nach fünf Jahren Lehrzeit – ein Jahr
Page, zwei Jahre Kellner und zwei Jahre Küche. Erst im
Reichshof, dann im Uhlenhorster Fährhaus und dann im
Kurhaus in Travemünde, das war der Zweigbetrieb vom
Reichshof.

Und dort traf ich einen Bekannten, der Vater hatte eine
Bootsvermittlung, so ein Töfftöfftöff. Und dieser Be-
kannte fuhr auf so einem Schiff und sprach mich an: »Ick
will di mo was seggen, ick fahr jetzt mit dem ›Adolf‹«. –
»Mit dem ›Adolf?‹« fragte ich. »Adolf Hörmann« hieß
das Schiff. Er ist mit mir zum Kapitän Wahl gegangen.

Der zu mir: »Sie wollen eine Reise machen?« – »Selbstverständlich möchte ich das machen!« Und so war das meine erste Reise.

»Wenn man Toppsgast war, konnte man in die Masten
steigen. Man konnte dabei arbeiten, aber man konnte
dann auch die Ferne erleben, die Größe des Meeres
und das Wunder des Wassers,
das sich ständig ändert.«

*Emil Memmen*

Ich bin also Emil Memmen, Emil Heinrich Memmen, und ich bin in Adelstedt geboren. Das war bei Bramstedt, Kreis Wesermünde. Nur sind wir nicht da geblieben, weil mein Vater vor meiner Geburt gestorben war und meine Mutter für uns vier Kinder sorgen mußte. Meine älteste Schwester blieb bei meinen Großeltern in Bramstedt, und wir sind nach Bremerhaven gekommen, in das Haus meines anderen Großvaters, der auch bereits gestorben war. Und meine Großmutter hat dann dafür gesorgt, daß meine Mutter sich ein kleines Geschäft, so einen Tante-Emma-Laden, einrichten konnte. Und mit diesem Geschäft hat sie uns durchgebracht.

Wie es früher üblich war, spielten wir immer auf der Straße, und da spielte ich, muß ich wohl sagen, von früh an Seemann. Ich wollte ja Kapitän werden. Schon als kleiner Junge. Wir hatten eine Hausschneiderin, und die erzählte sehr viel über Schiffahrt. Über Kapitän Sowieso und die, die ertrunken waren, und dann: »Junge, goh nicht na See to. Das Wasser hat keine Balken. Laß die Hände davon!«

Vor dem Krieg hatte meine Mutter wieder geheiratet, einen Schiffsingenieur, der bei der Roland-Linie fuhr. Und der hatte es dann gerne gesehen, daß ich auf die Höhere Schule kam. Und so bin ich nach zweijähriger Schulzeit in die Goetheschule und dann in die Vorschule der Realschule ins Gymnasium gekommen.

Ich erinnere mich, daß im Ersten Weltkrieg der Siegestaumel groß war. Die Russen wurden gefangen. Bei zehntausend Gefangenen gab es schulfrei. Das war für uns doch die Hauptsache. Der Lehrer spielte, wenn wir turnen mußten: » ...von Hindenburg, von Hindenburg, der schlägt die ganzen Russen tot, von Hi-Ha-Hin-den-burg!« Und danach wurde exerziert. Schuhsohlen gab es ja nicht. Da wurden Holzschuhe, diese Kloppdinger, getragen. Wenn man morgens in die Schule kam, klappklapp, klappklapp, das war ein Spektakel! Aber Schuhe konnte man ja nicht bekommen.

Und dann die Steckrüben. Die Mitschüler hatten Steckrüben als Schulbrot mit. Man mochte sein Schulbrot gar nicht so recht zeigen, wenn die auf ihrer Steckrübe rumkauten. Denn durch den Laden meiner Mutter ging es uns verhältnismäßig gut. Sie hatte die Lebensmittelausgabe für die Karten der Schwerbehinderten und der Alten und der Kinder. Und dadurch im Kriege ein ganz gutes Geschäft.

Ach, diese Sammlung, »Gold gab ich für Eisen«, die habe ich ungern durchgeführt, weil ich da doch zu manchen Familien kam, die eine andere Einstellung hatten. Wir hatten in der Grabenstraße einen Bezirk, der war so eingestellt wie wir. Aber wenn ich dahinter zu den hohen Häusern und in die Hinterhäuser kam, war es dort ziemlich duster, weil nur die Petroleumlampen brannten oder, noch schlimmer, gar keine. Und wenn man da raufkam, war so ein »Armeleutegeruch«, den man heute gar nicht mehr kennt – das habe ich ungern gemacht. Da lebten teilweise Kriegerwitwen, die waren natürlich barsch und hatten eine andere Auffassung wie ich sie jedenfalls von dem damaligen Kriegsende hatte.

Der Waffenstillstand war schon ein ziemlicher Schlag. Unsere ganze Stütze war nur Hindenburg und Ludendorff. Wir kannten die Einstellung der Soldaten, die ehrten wir natürlich, wenn sie im Gleichschritt kompanie-

44

weise wieder zurückkamen, oder regimentsweise. Da wurde dann das Deutschlandlied gespielt. Alle waren begeistert, begeistert, wie sie zurückgekommen sind in die Heimat.

Ich weiß noch, einmal gab es Kämpfe in Bremerhaven. Wir fanden das als Jungens großartig. Da wurden Fensterscheiben eingeschlagen, und wir waren dabei. Das war ein Spiel für uns. Und dann kam Noske, der sozialdemokratische Kriegsminister mit seinen Soldaten. Aus Bremen kamen die und waren formiert. Woraufhin sich auch die Gegenseite formierte, die Demonstranten, ebenfalls bereit zu schießen. Ich stand in der Nähe der Soldaten: »Achtung! Straße frei!« Aber sie schossen in die Häuser, um nicht in die Menge zu schießen, eben über die Menge hinweg. Alles strömte in die Seitenstraßen, und wir natürlich mit. Wir hatten dann doch Respekt, wie Noske mit seinen Soldaten da einmarschiert war. Jedenfalls herrschte wieder Ordnung.

Ich war immer so ein Stromer im Hafen. Wenn ein Fischdampfer reinkam, ging ich an Bord und hab in dem Kabäuschen vorne auch mal geschlafen. Fand ich großartig. In der Schule habe ich in der Untersekunda das Klassenziel nicht erreicht. Wollte ich nicht erreichen, denn ich hatte die Möglichkeit, auf ein Schiff zu kommen. Mein Vetter war Matrose auf einem Schonerbrigg, ein kleines Schiff von zweihundert Tonnen. Es hieß »Adolf« und lag in Hamburg. Mit meinem Sack bin ich durch den Hafen zum Segelschiffhafen gewandert, denn da lag das Schiff. Ich bin auf den Ponton gegangen und habe »Ahoi, ahoi« gerufen. Da kam einer mit dem Boot rüber und holte mich an Bord. So bin ich an Bord gekommen. Und als ich da endlich saß, bin ich ohnmächtig geworden. Ich war erledigt von den Eindrücken. Ich war fünfzehn Jahre, meine Mutter konnte mich auf der Fahrt nach Hamburg nicht begleiten, denn mein Stiefvater war nicht da. Und so bin ich dann bei der Seefahrt angefangen.

# LEHRJAHRE

Kapitän Stephan: Ich war tief beeindruckt, wie die Fähre sich fauchend ihren Weg bahnte. Dampfer kamen rein, sie wich aus, und außerhalb des Fahrwassers sahen wir die Fischer. Da war die Elbe noch sauber. Die Fischer warfen ihre Netze aus, für mich war es eine fremde Welt. Und dann, was ich nie vergessen werde, dieses Hämmern und dieses Arbeiten auf den Werften. Jetzt ist ja alles tot, nicht wahr? Aber diese Arbeit damals auf den Werften war faszinierend.

Und dann sah ich die Dampfer am Pier liegen und hinten im Segelschiffshafen die Segler von Laeisz liegen. Mit wunderschön getrimmten Masten. Und mein Herz, das schlug höher und höher. Mein Traum waren Segelschiffe, und dieser Traum, der wurde dann auch Wahrheit, denn ich hab mich nirgends so wohl gefühlt wie auf einem Segelschiff.

Damals gab es in Hamburg noch das sogenannte Heuerbüro. Später hatte dann jede Reederei ihr eigenes Büro und nahm die Leute an. Aber damals mußten sie bei der paritätischen Heuerstelle den Mann anfordern. Und diese Heuerstelle war für mich der Himmel. Ich hab das genossen, diese Atmosphäre da. Diese Matrosen, die da saßen und von ihren Reisen erzählten, von ihren Abenteuern und von was weiß ich was. Wenn sie kein Geld mehr hatten, wußten sie sowieso nicht wohin. Und gingen dann zum Stall rauf, setzten sich dort hin und schnackten mit den anderen.

Diese Heuerstelle war in Vorsetzen und ein dunkler Stall. Sie wurde darum auch so genannt: »Halle, gehst du zum Stall?« – »Ja, ich geh zum Stall!« Die Wände waren rußgeschwärzt, pechschwarz. Und an den Wänden war

*...und sah hinten im Segelschiffshafen die Segler von Laeisz liegen...*

eine Tafel, da standen immer die Zahlen dran, Nummern. Die Nummern, die aufgerufen wurden. Die am Törn waren. Und ich saß da immer rum. Und dann wurde aufgerufen, sagen wir mal: »Zweihundertsowieso, ein Matrose für Dampfer ›Altona‹!« Und die Verhandlung ging los. Der Beamte, so ein Kleiner, Puckeliger, saß hinter einem Gitterzaun. Aus Sicherheitsfurchtgründen. Und dann wurde gefragt für den Dampfer. »Wie heißt das Schiff?« – »Altona!« – »Wohin geiht dat Schipp?« – »Nach Australien!« – »Wie heißt der Kapitän?« – »Kapitän Boje!« Und Boje war bekannt. Das war ein Teufel. Daraufhin sagt der Matrose: »Da fahr mal selbst mit!« Nicht wahr, der wollte mit Boje nichts zu tun haben, denn der wußte genau, was ihm blüht, wenn er eine lange Australienreise mit diesem Kapitän macht.

Heizer Dr. Helbig: Es war ein kahler Raum voll von Tabakqualm, man sah kaum die Fenster, wo die Beamten saßen. Im Hintergrund waren drei Schalter, für das Deckspersonal, für die Maschine und für die Küche und Bedienung. Das sind die drei Tätigkeitsbereiche für den Seemann überhaupt. Und hinter jedem Schalter saß ein Heuerbeamter.

Kapitän von Essen: Und wenn irgendeine Reederei einen Matrosen oder irgend jemanden brauchte, denn riefen sie an, und dann hieß es: »Ein Matrose für Dampfer Sowieso!« Und wer da gerne mitfahren wollte, der gab schnell sein Seefahrtsbuch hin.

Heizer Dr. Helbig: Und so bin ich an Bord marschiert und kam natürlich auf die schlechteste Wache, ist ja klar, als Neuling. Erste Wache, Hundewache, wie wir sagen, zwölf bis vier mittags, gleich nach dem Mittagessen, vor die Feuer oder in die Bunker, und Mitternacht zwölf bis vier.

Kapitän Stephan: Und eines Tages wurde ein Leicht-matrose aufgerufen. Und wenn seine Nummer dreimal ausgerufen wurde und er sich nicht meldete, konnte sich ein anderer melden, der nicht die Nummer hatte. Also warf ich mein Buch hin. Und der Heuerbeamte, dieser kleine Pucklige, nahm das Buch, und hinter ihm stand ein ganz langer Kerl. Und dieser Kerl interessierte sich nicht im geringsten für meine Fahrzeit im Buch. Ich hät-te als Leichtmatrose mindestens ein Jahr als Junge fah-ren müssen. Statt dessen guckte mich der so komisch an, aber ich kam noch nicht dahinter. Nickte dem Puckligen zu, und der schrieb für mich 'nen Schein aus: »Anmustern als Leichtmatrose auf dem Dampfer ›Helfried Bismarck‹«. Das war ein Wochendampfer, der zwischen Hamburg und Südschweden immer hin- und herfuhr. Für unbestimmte Zeit. Ich bin zum Hafen und sah den Kahn da liegen. Ich denk: »Mein Gott, was für ein Kahn!« Das war ja nun nicht das Schiff, wie ich es mir vorgestellt hatte. Aber ich hab es genossen.

Wir fuhren immer durch den Nord-Ostseekanal, und ich konnte die Jahreszeiten miterleben. Wenn sie das Heu einbrachten, roch es bis zur Brücke rauf. Und wir hatten dann noch einen Vorteil. Wir lernten ja drüben in Schweden Mädchen kennen. Und die waren damals schon sehr emanzipiert. Die dachten sich gar nichts dabei, mit uns nackt im Mondschein zu baden.

Nach einer gewissen Zeit kam ich allerdings dahinter, warum mich dieser lange Kerl so komisch angesehen hatte. Er schmuggelte. Ich war damals rank und schlank und der einzige, der zwischen den Tanks und der Decke zum Freiraum durchrobben konnte, wo er nämlich seine Schnapsflaschen versteckt hatte. Und die holte ich ihm in Schweden dann auch immer raus, nicht wahr? Um sie den Schnapssüchtigen zu verkaufen. Deshalb hatte er mich genommen. Und für diese illegalen Geschäfte bekam ich immer eine Schwedenkrone. Das waren damals eine Mark und zehn. Das war die Verbesserung meiner geringen Heuer.

Kapitän Memmen: Es ist nämlich so: Wenn ein Schiff ausläuft vom Hafen, treten alle Matrosen, die neu sind, an Bord an. Stehen am Vorderdeck alle zusammen. Und dann geht's los. So wird die Wache eingeteilt.

Kapitän Stephan: Also auf der »Helfried Bismarck« war ich für die anderen natürlich nur der Moses. Hatte der Kapitän einen Hund an Bord, kam erst der Hund und dann der Moses. Also war ich noch nach dem Hund. Wurde da aber aus erwähnten Gründen sehr nett behandelt. Allerdings habe ich einen Fehler begangen, ich hab von meiner humanistischen Bildung gesprochen, und jedesmal, wenn irgendeine Schmierarbeit war, hieß es: »Moses, du mit dem Gymnasium, das hast du ja wohl gelernt, mach mal das Klo sauber!« Die Matrosen sind die Hauptarbeiter an Bord. Sie müssen auch die Jungs anweisen und ihnen ihre Erfahrungen sagen.

*...die Köche konnten was. Nicht alle, aber die meisten...*

Kapitän von Essen: Und dann gibt es noch den Koch und ein oder zwei Kochsmaaten, je nach Größe des Schiffes.

Koch Rauch: Die Köche konnten was. Nicht alle, aber die meisten. Denn auf dem Schiff bewerten sie das genauer. Wenn da also eine Sache drei-, viermal angeeckt ist, wird der Koch kielgeholt, oder wenn das nicht reicht, hat er die nächste Reise auf der Never-come-back-Line, da fährt er dann, nicht?

Kapitän Stephan: Außerdem hat der Koch auf einem großen Segelschiff auch noch die Aufgabe mit dem »capstan«. »Capstan« ist der englische Ausdruck für das Ankerspill, ein großes Rad mit Speichen. Und da trotten

*...und da trotten immer so acht bis zehn Matrosen im Kreis herum...*

immer so acht bis zehn Matrosen im Kreis herum, denn es geht ja alles mit menschlicher Kraft. Und auf dem »capstan« sitzt der Koch mit seiner Zieharmonika und spielt. Die Matrosen trotten so lange rum, bis der Anker hoch ist. Das dauert manchmal Stunden.

Kapitän Memmen: Nur wenige an Bord sind Tagelöhner. Das sind der Schmied, der Segelmacher und der Zimmermann.

*...und die Segel sind schwer, ein großes Segel wog achthundert Kilo...*

Zimmermann Wolff: Also Arbeit satt! Der Zimmermann ging nur Tageswache, keine Nachtwache. Von morgens bis abends spät. War nachts was los, mußte er allerdings auch raus. Bloß brauchte er nicht in die Masten rein. Das mußte der Zimmermann nicht. Sonst mußte er allerdings so ziemlich alles können. An Bord eines Frachtdampfers muß er sich um die Ladung kümmern, daß sie fest gestaut wird. Dann die Wasserversorgung, die Frischwas-

54

serübergabe. Wenn die Seewasser-Öltanks leer sind, werden sie mit Seewasser gefüllt, damit das Schiff schwerer ist, denn der Doppelboden ist die Stabilität des Schiffes, und wenn das Öl raus ist, ist es zu leicht. Auf einem Passagierdampfer kommt noch anderes dazu. Reparaturen, und was da alles geklaut wird, was da alles erneuert werden muß, ach du lieber Himmel! Und auf Segelschiffen muß der Zimmermann auf See Rah und Klüverbaum erneuern. Der Bootsmann, der Segelmacher und der Zimmermann bekommen je sechs Mann Kadetten, die ihnen helfen müssen, um später, wenn sie mal Kapitän werden, auch eine Ahnung zu haben, was diese Leute machen. Für den Klüverbaum hab ich mal mit dem Kapitän an Land einen Baum ausgesucht.

Heizer Dr. Helbig: Der Trimmer ist der Helfer des Heizers. Der Heizer bearbeitet die Feuer, und der Trimmer schafft dafür die Kohlen heran. Aus Bunkern in den Heizraum, und im Heizraum vor die Feueröfen. Vor den Feuern kann man überhaupt nicht arbeiten, direkt vor den Feuern. Da würde einem die Haut sofort hochgehen, da werden achtzig, neunzig Grad sein. Wir müssen also weit zurücktreten, was auch geht, da vor den Kesseln immer kleine Haufen Kohlen liegen, die die Trimmer dahin bringen, damit wir was zum Einwerfen haben. Prinzipiell arbeiten wir vor den Kesseln nur mit sogenannten Handlappen, weil das Geschirr so heiß wird, daß wir uns die Hände verbrennen würden. Diese Handlappen sind weiter nichts als alte Teppiche aus Passagierschiffen. Die müssen wir doppelt gefaltet in die Hand nehmen, und darin liegen dann die Geschirre, Stahlstan-

*...mit dieser Krücke lockern wir die Oberfläche des Feuers auf...*

gen, die bis zu fünfundvierzig Kilo wiegen können. Vorne zugeschärft. Wichtig ist, wie die Kohle schlackt. Die ist so unterschiedlich, daß ich zehn verschiedene Sorten aufzählen könnte, die wir als Heizer entweder gerne haben oder hassen. Unsere Ruhrkohle ist nicht die beste, sehr gut ist die schlesische Kohle, sie ist locker und bricht leicht auf; aber noch besser ist die Cardiff-Kohle, das ist die berühmteste. Wenn nun diese aufgebrochene Kohle in voller Glut steht, kommt dann die Krücke an die Reihe, so ein langer Stahlstab mit einem Griff und vorne wie eine Hacke. Mit dieser Krücke lockern wir die Oberfläche des Feuers auf, weil sich unten schon die Schlacke bildet. Das nennen wir das Schleusen. Mitunter ist die Schlackenschicht so zäh, daß man sich mit dem ganzen Körper daraufwerfen muß, und das ist dann das Schleusenreiten.

Ingenieur Goering: Im Maschinenraum waren ein leitender Ingenieur, ein zweiter Ingenieur, ein dritter Ingenieur und ein vierter Ingenieur. Es gab vier Assistenten und dann noch die Motorenhelfer und Reiniger.

Kapitän von Essen: Ja, und den Kapitän. Und den Ersten Offizier, Zweiten Offizier, Dritten Offizier, früher auch noch den Vierten Offizier. Aber das gibt es jetzt schon nicht mehr.

Zimmermann Wolff: Offiziere nennen die sich, sind ja keine Offiziere. Offiziere gibt es bei der Marine und beim Heer, bei uns sind es Patentinhaber.

Kapitän Memmen: Ich habe ja schon erwähnt, der Kapitän auf den Segelschiffen ist ja ganz herausgestellt. Er war »Master next God«. Er war der »Herr nebst Gott«.

Kapitän Stephan: Na, jedenfalls das Schiff war dann seeklar, und wir sollten raussegeln. Ein Schlepper kam und schleppte uns bis Brunsbüttel. Der Lotse kam an Bord, wir winkten noch den Leuten am Pier zu, und die wünschten uns gute Reise.

Und in Brunsbüttel gingen wir vor Anker und mußten Dynamit laden. Eine Ladung Dynamit für Porto Colobia bei Sabanella.

Kapitän Memmen: Der Matrose oder die Mannschaft wurde immer für eine Reise angemustert. Aber es konnte sein, daß nicht von vornherein feststand, daß es nur nach Chile ging, sondern von Chile ging es meinetwegen weiter nach Australien mit Holz. Erst nach Portland Oregon. Und von Portland Oregon dann mit Holz nach Australien. Von Australien, was weiß ich, nach irgendeinem anderen Hafen, nach einem Weizenhafen hin und mit dem Weizen wieder zurück nach Europa. Das waren Reisen, die so zwei, nahezu zwei Jahre dauerten.

Kapitän Stephan: Während der ersten Nachtwache lagen wir vor Anker, und ich konnte meine ersten terrestrischen Erfahrungen machen. Der erste Offizier, ich war bei ihm auf Wache, war ein netter alter Herr, gebildet. Der sagte: »So min Jung, ich leg mich jetzt ein bißchen aufs Ohr. Und du peilst das Feuer da drüben.« Da war ein Leuchtturm. »Wenn die Peilung sich nicht ändert, hält der Anker. Wenn die Peilung sich aber ändert, dann treiben wir, und du weckst mich sofort.« Na, da stand ich nun einsam in der Nacht an Deck, guckte mich um, und geheimnisvoll glitten Segler vorbei mit grünen und roten Lampen. Und Dampfer tuckerten da entlang, und ich peilte und peilte immer sehr pflichtbewußt auf das Feuer. Auf einmal, ich weiß gar nicht, wie das kommt, dreht sich alles, das Steuer geht so weg, und ich sause runter zum Ersten Offizier: »Die Peilung ändert sich!« Der stürzt an Deck und guckt und sagt: »Du Döskopp. Ebbe und Flut ändern sich bloß. Und das Schiff schwoit. No!« Die Peilung war immer noch dieselbe, der Anker hielt. Das war meine erste Lektion in terrestrischer Navigation. Am nächsten Morgen setzten wir dann Segel und quälten uns durch die Sandbänke und durch die Galeassen, die damals noch zu Hunderten die Elbe bevölkerten. Wir segelten wohl zwei Tage und wollten um Schottland rum. Ich hatte gerade Freiwache und lag in meiner Koje. Auf einmal gab es einen Ruck, und dann schlug es nochmal auf, und das Schiff saß fest. Wir waren gestrandet. Und jetzt hieß es: »Jungen zuerst ins Boot!« Wir waren zwei, die beiden Moses, der Ostpreuße und ich, und zwei Leichtmatrosen. Und die Frau sollte auch ins Boot.

Das Boot wurde runtergefiert. Es schöppte schon Wasser, wie es schief runterkam, nicht wahr. Das war schon halb voll Wasser. Dann schlug es einmal hart gegen die Bordwand. Und bevor ich ins Boot stieg, wollte ich alles ausziehen, ich hatte Ölzeug an, Wollzeug, den Südwester und Seestiefel. Da schrie der Matrose: »Laß das Zeug an, du verkühlst dich sonst!« Und der hat mir wahrscheinlich das Leben gerettet.

Und wie ich dann ins Boot kam, saß ich schon bis zur Hälfte im Wasser. Das Boot hatte Wasser geschöpft. Und ehe wir die Taljen losbekamen, kam noch mehr Wasser rein. Wir versuchten dann von Bord, von dem Schiff, wegzupullen, denn die riefen uns zu: »Seht zu, daß ihr wegkommt!« Die dachten ja, es geht in die Luft mit dem Dynamit. Aber es ging nicht in die Luft. Und wir sahen, wie an Land schon das große Rettungsboot zu Wasser gelassen wurde. Was mein Glück war. Denn wie wir so ein paar hundert Meter vom Schiff weg waren, da butterte mein Boot ab. Ich sah bloß noch, wie eine Rakete übers Schiff geschossen wurde, und verlor dann die Besinnung. Und als ich aufwachte, lag ich in Fanö im Hospital in einem Bett. Es ist niemandem was passiert, nur der Kapitän hatte sich den Arm gebrochen.

Heizer Dr. Helbig: Also, wir kamen dann nach Bombay. Post kriegte ich keine, es gab ja damals noch keine Flugpost, und die andere Post hatte uns nicht erreicht. Von Bombay gingen wir nach Karatschi, dann nach Colombo, unten herum. Und drüben wieder hinauf nach Kalkutta, wo ein Brief von meiner Schwester lag, daß der Vater gestorben war. Und da mußte ich natürlich bei der Rückreise in Hamburg abmustern und zu meiner Schwester fahren. Gerade diese erste Reise vollzog sich auf dem Höhepunkt der Inflation, in der sich fast jeden Tag die Währung änderte.

Segelmacher Frackowiak: Das geht ja nicht. Da kriegten wir so eine Handvoll Geld, das konnten wir wegschmeißen. Kriegte ich nicht mal eine Zigarette dafür. Eine Billion war eine Reichsmark, nicht.

Kapitän von Essen: Also während den ganzen 21 Monaten hab ich mal zwei Dollar in Callao gekriegt und zwei in Montevideo. Und wie wir nun in Hamburg ankamen, kriegten wir das olle Papiergeld. Und da wurde denn geschmuggelt, weiß der Deuwel. Ich hab mich davon freigehalten. Ich denke, Mensch, hier gehst du nachher in den Knast und nicht zur Schule.

Heizer Dr. Helbig: Gut, also wir bekamen unsere Lohntüten, die Heuertüten. Ich bin mit der Heuertüte zum Bahnhof gerannt und habe für das ganze Geld gerade noch eine Fahrkarte in meine Heimatstadt Hildesheim bekommen. Am nächsten Tag hätte ich sie nicht mehr bekommen. Ich hatte also in den viereinhalb Monaten nur meine Fahrkarte verdient.
In Hildesheim eröffnete mir meine Schwester, daß wir die Urne meines Vaters nach Eisenach bringen müßten, um sie dort auf dem Grab meiner Mutter, die ja schon früh gestorben war, und ihren Eltern beizusetzen. Aber meine Schwester hatte nicht das Geld, die Urne dahin zu schicken.
So haben wir uns den nächsten Morgen aufs Fahrrad gesetzt und unterwegs abends bei den Bauern angeklopft, ob wir ein bißchen helfen könnten und im Stall oder auf dem Heuboden schlafen. Und nach vier Tagen waren wir in Eisenach, da hatten wir einen Bruder meines Vaters wohnen. Ich hatte die Urne die ganze Zeit im Rucksack – man soll so was ja eigentlich gar nicht erzählen, aber so war das eben.
So habe ich meinen Vater dann bestattet. Bin mit dem Spaten und der Urne in der Morgendämmerung über das

Friedhofstor und dann zu der Grabstelle von den Großeltern und der Mutter, ich wußte ja, wo das war. Na, und dann habe ich eine Grube gegraben und die Urne hinein und Erde drüber, keiner hat's bemerkt, wieder über das Tor und weg. Und anschließend sind wir mit unseren Fahrrädern und einem bißchen Proviant vom Onkel wieder nach Hause gefahren. Ich wieder sofort nach Hamburg, wo ich auch gleich wieder ein zweites Schiff bei der Deutsch-Austral- und Cosmos-Line, die »Altona« bekam.

Zimmermann Wolff: Geld kriegte ich eine Billion, und plötzlich war der Umsturz, da war das eine Mark, da hatte ich die ganze Woche für eine Mark gearbeitet. Und dann fing die Rentenmark an.

Kapitän von Essen: Als Matrosen verdienten wir fünfzig Mark im Monat. Überstunden fünfzig Pfennig, nicht wahr? Und ich kriegte eine Abrechnung von etwas über hundert Mark. Also nun mal wirklich Geld in der Hand. Damit bin ich nach St. Pauli gegangen und konnte ausgeben. Einer Hure habe ich noch ein Paar Schuhe für zwölf Mark fünfzig gekauft, und dann war das Geld auch schon beinahe alle. Aber ich konnte einmal sagen: »Bitte schön!«

Ingenieur Goering: Es war sehr wenig, der Verdienst. Wenn ich da vergleiche mit dem, was heute bei der Seefahrt verdient wird, ganz bitter wenig war unser Verdienst damals.

Kapitän Memmen: Obwohl wir ja mindestens zwölf Stunden arbeiteten. Und bei schlechtem Wetter sowieso rausmußten, das war selbstverständlich ohne Arbeitszeit, nicht wahr. Und konnte unter Umständen dauern. Bei wirklich schlechtem Wetter war man dann fast vierundzwanzig Stunden auf den Beinen. Und das wurde oft nicht bezahlt.

*...wie die Brecher gegen die Bordwände krachen, und dann die aufgerissene Gischt über das Deck hinwegsaust...*

Heizer Dr. Helbig: Das schlimmste Stück auf der Fahrt in bezug auf Sturm ist die Biskaya, das ist ja bekannt. Irische See, Atlantik, Kanal, da kommen die drei Strömungen zusammen, und da geht es dann kopfüber.

Ingenieur Goering: Dann rollte das Schiff, es rollte und

rollte hin und her. Wir hatten aber vorher in Belgien Eisen geladen, so daß wir einen Schwerpunkt hatten und reagierten wie ein Stehaufmännchen bei der Rollerei.

Heizer Dr. Helbig: Das kann man nicht beschreiben, das muß man erlebt haben. Wie die Schiffe hin und her geworfen werden und wie die Brecher gegen die Bordwände krachen, und wie hinter den Brechern dann die aufgerissene Gischt über das Deck und über die Brücke und über die ganzen Schiffe hinwegsaust.

Ingenieur Goering: Die Gefahr war immer, daß die Luken einschlagen würden durch die Brecher, die über Bord schlugen. Die waren mit dreifach Persenning gesichert und mit Holzkeilen, daß da nix passierte. Und das war tatsächlich so: Wir standen auf der Leeseite, und von der Luvseite kamen die Brecher. Man erzählt das und glaubt es nicht. Tatsächlich über das Schiff rüber. Und ich weiß noch ganz genau, wie wir an der Seite standen, aber noch etwas geschützt, und da war eine breite Treppe, die rauf zum Bootsdeck führte. Mit einem Schlag der Welle von drüben, bums, war die Treppe abgerissen. Eine breite, mit Eisen verankerte Treppe, weg! Mit einem Schlag. Solche Gewalt hat das Meer.

# AUF GROSSER FAHRT

Kapitän Memmen: Es kam der Sturm. Eine Böe setzte ein, und es hagelte und es regnete. Und nun der Kapitän, wie er jetzt seine Kommandos gab: »Riet an Lüüd!«, das werde ich auch bis heute nicht vergessen. »Riet an Lüüd!« – »Reißt an!« Denn die Segel waren backgeschlagen. Und in diesem Fall kann es passieren, daß die Toppen rübergehen oder ausfallen. Oder aber es glückt noch einmal, das Schiff wieder in den Wind zu bekommen.

*...eine Hand fürs Schiff, eine Hand für dich...*

Kapitän Stephan: Man hat auch Angst, wenn man da oben arbeitet. Und die Angst treibt einen dazu, vorsichtiger zu sein. Immer wieder wird den Jungs gesagt: »Eine Hand fürs Schiff, eine Hand für dich!« Und die Segel sind schwer, ein großes Segel auf der »Passat« wog achthundert Kilo.

Kapitän Memmen: Es wurden die Strecktaue gespannt und die Netze von dem Fockmast nach dem Hochdeck hin. So daß man also gerüstet war, sich einmal am Strecktau festzuhalten. Die Beine wurden einem ja wie von alleine hochgeschlagen, wenn die Brecher überka-

*...es wurden sie Strecktaue gespannt und die Netze von dem Fockmast nach dem Hochdeck hin...*

men. Oder auch für den Fall, wenn der Mann wirklich loslassen mußte, damit er nun nicht gleich über Bord gewaschen wurde, weil sich dort an dem Hochdeck das Wasser staute. Dann fing er sich in dem Netz auf. Und da konnte man ihn da eventuell noch greifen.

Kapitän Stephan: Tagelang standen wir bis zum Hals im Wasser und froren vor Kälte, schließlich durften wir in unserer Focksel kein Feuer machen. Und wir kriegten auch keine warme Mahlzeit auf den Tisch, weil der Koch nicht kochen konnte. Weil das Schiff so zur Kehr ging. Und dann hat uns der Kapitän mal einen ausgegeben, das hieß dann »Besanschot«. Da gingen wir nach Achteraus und kriegten einen Schnaps eingeschenkt.

*...man konnte dabei arbeiten, aber auch die Ferne erleben, die Größe des Meeres und das Wunder des Wassers...*

Kapitän Memmen: Aber es gab ja nicht nur Kap Hoorn und den Nordatlantik. Es gab dazwischen ja auch Schönwetterreisen, die ebenso lange waren in den Passaten. Der Wind war ständig bereit. Und dann konnte man sich oft auf die Luken setzen und miteinander sprechen. Man konnte in die Höhe schauen und sich freuen, und wenn man Toppsgast war, konnte man in die Masten steigen. Man konnte dabei arbeiten, aber auch die Ferne erleben, die Größe des Meeres und das Wunder des Wassers, wie es sich ständig verändert.

Kapitän von Essen: Wenn nun die Sonne aufgeht, hat man ja Zeit dafür. Und selbst als junger Kerl kann man sich dafür interessieren. Denn auf See, da gibt es keine Disco oder irgend so etwas. Man steht am Ruder, und alles still und ruhig, und kein nix. Und da geht nun die Sonne auf – das nimmt man ja doch wahr!

Kapitän Stephan: Als junger Mensch habe ich sehr wenig Urlaub genommen, was ich heute bedauere. Damals sagte ich mir, die Zeit sei viel zu kostbar, um sie zu Haus zu vertrödeln. Wer weiß, was ich dann verpasse, wenn ich in Urlaub gehe. Viele haben ja nur gejammert, daß sie fahren müssen. Ich hab denen gesagt: »Dann bleib doch zu Haus, werd doch Schuster oder Schneider!« Und das war ja auch am Segelschiff so, die Spreu, die schied sich vom Weizen. Wenn ein Junge eine Kap Hoorn-Reise gemacht hat mit dem Segelschiff und ein Muttersöhnchen war und blieb, hat er keine zweite Reise gemacht. Der blieb zu Hause und wurde dann Schuster oder Schneider oder sonstwas.

Ingenieur Goering: Ich hab mich viel für den Sternenhimmel interessiert, damals auch im Süden. Kreuz des Südens, den Orion und wie die alle heißen. Und dann kommen doch mal Gedanken, und dann gehen die weiter hin, und dann gehen sie über die Meere weg zur Heimat hin. Also, das ist dann so ein bißchen eine andere Gedankenwelt. Dann denkt man nicht an die Arbeit. Dann denkt man an die Lieben daheim und an alles andere, an die Welt, eben alles mögliche. Es kommt da manchmal schon so ein bißchen romantische Stimmung

*...Weihnachten hatten wir ja immer die Schweinchen mit...*

auf, doch, kann mal aufkommen. Aber das dauert nicht lange, die ist dann schnell wieder weg. Dann kommt die Wirklichkeit wieder heran, dann kommt wieder einer und sagt: »Du mußt zur Maschine!« Oder es ist Essenszeit, und man wird dann wieder aus dem Traum herausgerissen.

Kapitän Stephan: Weihnachten haben wir gefeiert. Da hatten wir ja immer die Schweinchen mit. Es war sehr nett. Eines wurde bei Kap Hoorn geschlachtet, und das gab dann den Weihnachtsbraten. Und für die Heimreise wurde wieder ein Schweinchen gekauft, und das wurde bei den Azoren geschlachtet. Daß wir also gut in Hamburg ankommen und das Schiff loben.

Kapitän Stephan: Wir hatten im Golfstrom vielleicht achtzehn, neunzehn, zwanzig Grad Wassertemperatur. Wenn wir rüberfuhren, da querten wir den Golfstrom. Und einmal sackten die Temperaturen auf zwölf Grad weg. Ich zum Wachhabenden: »Temperatur sackt weg!« – »Oh, da müssen wir die Brücke verständigen. Temperatur sackt weg, das kann die Nähe von einem Eisberg sein!«

*...und wie es hell wurde, waren rund um uns Eisberge...*

Zimmermann Wolff: Und dann doppelt ausgucken – oben im Mast, alles mußte ausgucken nach Eisbergen.

Kapitän von Essen: Auf einmal krieg ich einen Tritt vom Stürmann: »Kannst die Graudas nicht sehen?« Was wußte ich da von Graudas? Da waren wir mit einem Segelschiff unterwegs, es war fast totenstill. Auf einmal war ein Grauda neben uns. Sofort alle Segel runter, weil wir nun nicht mehr weiterfahren konnten. Und wie es hell wurde, waren rund um uns Eisberge. Da sind wir dann ganz vorsichtig rausgesegelt und so davon klargekommen. Gott sei Dank.

Kapitän Memmen: Wir sahen große Eisschollen, und die »Taube« war ein Schiff, das vielleicht acht Knoten lief, sie hatte keine große Kraft. Und dem Kapitän blieb nichts anderes übrig, als zu versuchen, nun irgendwie weiterzukommen. Er hatte aber Erfahrung mit diesen Dingen. Zusätzlich hatten wir schlechtes Wetter bekommen und Nebel. Und da sagt er mir, ich solle jetzt auf dem Eis nach offenen Stellen suchen, den Auftrag gab er mir. Und so bin ich mit einem Eishaken auf das Eis runter und vorausgegangen und habe gesucht, wo es frei war. Wo können wir hier fahren? Und danach, als das Schiff und wir uns da wieder rausgefunden hatten, aus diesen Eisschollen, aus diesen Treibeisschollen, bin ich wieder an Bord gegangen. Aber erst mußte ich mit einem Bootshaken auf das Eis und habe offene Stellen gesucht.

Kapitän Stephan: Ich habe mit dem Segelschiff erlebt, daß bei Kap Hoorn Seelöwen kamen und da raufschauten und bellten. Oder Pinguine, die an Land doch taprig sind, aber wie Segelflieger im Wasser. So elegant fliegen sie da rum. Und wenn wir in die Mallungen kamen, ins Golfkraut, so ein Kraut, das da rauskommt. Das wurde dann gefischt, und da sind die dollsten Sachen drin, die niedlichsten Fischchen, Seepferdchen und Muscheln.

Kapitän Memmen: Die meiste Zeit wurde in den Mallungen verloren. Das ist in der Nähe vom Äquator. Wenn man vom Nordost-Passat in den Südost-Passat kommt und da unten rumliegt und treibt wie eine Nußschale, manchmal Tage, unter Umständen auch Wochen. Da wird viel Zeit verloren. Und zusätzlich ist es für die Leute an Bord auch psychologisch schwer: sie sitzen da herum und kommen nicht weiter.

Kapitän Stephan: Ja, natürlich, der Dampfer, der fuhr immer seinen Törn. Und da konnten Sie fast genau ausrechnen, wann Sie ankommen. Wenn Sie nicht Schlechtwetter gegenan bekamen.
Aber beim Segelschiff ist das immer sehr fraglich. Denn da sind Sie nur vom Wind abhängig. Wir hatten noch keinen Motor gehabt. Die Schiffe, die »Passat« zum Beispiel, haben nachher U-Bootsmotoren eingebaut bekommen. Und wenn sie dann in der Flaute waren, fuhren wir mit ihnen weiter. Aber das gab es bei uns damals noch nicht. Der einzige Motor, den wir an Bord hatten, war ein kleiner Petroleummotor, mit dem ich für die Funkanlage meine Akkumulatoren auflud. Damit wir senden können.
Der schlimmste Hafen, den ich je erlebt habe, war der Hafen von Valparaíso. Valparaíso ist gegen Norden nicht geschützt. Die Bucht ist nach Norden offen. Und bei berüchtigtem Nordwetter, orkanartigen Stürmen, weht die ganze See in den Hafen rein. Und da ist mancher Segler, der Kap Hoorn schon glücklich umrundet hatte, untergegangen, auf Strand gelaufen und abgesoffen. Ich hab das miterlebt, auf der »Pamir«. Mit der lagen wir da,

und mein Kapitän war wirklich sehr erfahren. Da kündigt sich ein Norder an. Das Glas fällt um, und man weiß ja dann, was los ist.

Der Kapitän hat die Sicherheitsmaßnahmen angeordnet. Die Ankerketten wurden mit dicken Tauen um die Häuser herum gesichert. Denn wenn die Ketten so schlagen, dann brechen sie, und das Schiff mitsamt dem Anker treibt weg. Das haben wir alles gut überstanden. Die See wurde immer höher, sie zischte übers Deck, und wir lagen da. Ich stand an Deck. Und da sehe ich weit hinten eine Hulk. Eine Hulk ist ein altes Segelschiff, das dort als Kohlenhulk benutzt wurde. Sie hat Kohlen geladen und geht zu einem Dampfer, der Kohlen braucht. Und diese Hulk geriet ins Treiben und trieb auf uns zu. Wie von Geisterhand ging sie dann wieder weg und trieb an uns hinten, achtern, vorbei. Und auf der anderen Seite lag ein großer Passagierdampfer, die »Conception«. Ich sah, wie die Hulk mit ihr kollidierte. Sie hatte noch ei-

*...ja, natürlich der Dampfer, der fuhr immer seinen Törn...*

nen Klüverbaum, und mit dem rasierte sie die ganzen
Boote am Bootsdeck weg. Durch den Sturm. Und die
Kette von der Hulk kam unter dem Dampfer zu liegen,
und der Dampfer riß sich den Boden auf und fing an zu
sinken. Stellte sich auf einmal ganz steil hoch und sauste
mit Gezisch runter. Weg war er. Es waren keine Leute
mehr an Bord. Und die Hulk trieb dann auf die
Felsenküste und zerschellte da. Und wir sind dem ent-
gangen. Es war wie ein Wunder.

Heizer Dr. Helbig: Das Segelschiff beruhte auf der Kraft
des Windes, auf einer Naturkraft. Und wenn die aus-
setzte, konnte das Schiff nicht fahren, oder es mußte so
lange kreuzen, bis es wieder einen Windstrom fand.

*

Koch Rauch: Segelschiffszeit, schwere Zeit. Viel Wasser,
viel See, hohe See und viel Nichts. Wo sie nichts hatten,
nur Sonne und keinen Wind, da ging das Angeln los. Da
haben sie geangelt und haben das gekocht gefressen, den
Fisch, oder ihn sich geräuchert oder ich weiß nicht wie
in den Bauch geschlagen. Lebendes Vieh und totes Vieh
kam an Bord, weil es damals keine Kühlschränke gab.
Lebend waren Schweine und Hühner. Die hütete der
Blau. Blau war Schiffszimmermann, mit Argusaugen,
und er paßte genau auf, daß nicht ein Ei in die Bilge rannte oder in die Hand von irgendeinem, der da schnell vor-
beiging.

Kapitän Stephan: Ich will im voraus sagen, daß es zu

78

*...Segelschiffszeit, schwere Zeit. Viel Wasser, viel See, hohe See und viel Nichts...*

meiner Zeit noch die sogenannte Speiserolle gab. Die Speiserolle schrieb vor, was der Seemann als Minimum oder Maximum an Verpflegung bekommen muß. Wieviel Fleisch die Woche, wieviel Brot, wieviel Aufschnitt, wieviel Margarine. Gute Butter kannten wir nicht, nur Margarine.

Segelmacher Frackowiak: Und da ging der Krach schon los. Statt der Margarine hatten sie dem Alten da was angedreht, auf der Dose war ein Ochsenkopf drauf. Und es war Talg, so Stearin, wo man Kerzen mit macht. So'n Scheißdreck war das. Das backte am Gaumen, wenn es warm wurde.

Heizer Dr. Helbig: Soundsoviel Kilometer Wurst, eine tropenfeste Hartwurst, die angeblich kilometerlang an Bord vorhanden war.

Kapitän Stephan: Und dann gab es ja noch dieses berühmte Hartbrot, was man klopfen mußte.

Segelmacher Frackowiak: Mit Elefanten, haben wir immer gesagt. Das sind kleine schwarze Käfer, die so einen Rüssel haben. So ganz klein. Die klopft man kräftig raus und macht sie dann so runter. Und einmal in der Woche gab es angeblich Frischbrot. Da hatte der Koch sich was zusammengetan, was sowieso kein Aas essen konnte.

Heizer Dr. Helbig: Auf dem ersten Schiff habe ich eine Meuterei erlebt. Es war das einzige Mal, daß die Vormastleute und Matrosen und Heizer so unzufrieden waren, daß sie dem Kapitän eines Tages die Back, die Schüssel mit dem Essen, vor die Füße geschmissen haben und ihm sagten: »Wir wollen keinen Schiet freten«. Worauf der Kapitän antwortete: »Wat hebt ji freten? Schiet? Ji hebt Irish Stew freten!« Ein Irish Stew wär das gewesen, und wir waren der Überzeugung, es wär Schiet gewesen. Und dann kam natürlich gleich das Wort Meuterei. Dennoch, das Essen hat sich dann ein bißchen gebessert.

Kapitän Stephan: Zum Mittagessen sollte es Plunnen und Klüten geben. Also Pflaumen und Klöße, diese Suppe, nicht wahr? Die wird auch mit Grütze gekocht. Egal, es war jedenfalls eine blaue Brühe, eine dunkle blaue Brühe, die ich ins Logis schleppen mußte. In der Back, in der Schüssel. Und an der Back, am Tisch, saßen nun die Matrosen. So sechs Mann, sie saßen so ringsum, nicht wahr? Und ich kam dort rein, erwartungsvoll mit meiner Schüssel, und gab sie dem ersten Matrosen. Und der steckte seinen Rüssel rein und gab sie dem zweiten Matrosen. Und so ging's immer weiter herum, bis es wieder zu dem ersten kam. Inzwischen war sie schon ein bißchen abgekühlt. Der stand dann auf, nahm die Schüssel und kippte sie über meinen Kopf weg.

Heizer Dr. Helbig: Dann bekamen wir eine Zehnpfunddose Margarine für längere Zeit, bei der wir immer bestrebt waren, bis nach bestimmten Häfen hin mindestens eine Dose aufzusparen, weil sie ein gutes Tauschmittel für die Eingeborenen war. Sie wurde dann in so manchen Häfen am Strick in die Boote der Eingeborenen runtergelassen, die uns dann Früchte raufschickten oder kleine Handwerkserzeugnisse, was man

*...die Margarine wurde dann in die Boote der Eingeborenen runtergelassen, die uns dann Früchte raufschickten...*

81

*...jede Woche kriegten wir so eine Holzpütze voll Wasser...*

eben haben wollte. Diese Margarine war eines unserer besten Tauschartikel.

Kapitän Memmen: Lebensmittel hatten wir meistens an Bord, aber kein Frischwasser. Denn man wollte Ladung fahren und kein Wasser.

Kapitän Stephan: Mit dem Wasser war das so: Eine bestimmte Menge konnten wir mitnehmen, aber die war natürlich knapp. Und dann gab es immer eine kleine Tasse voll, den Tag. Aber nicht etwa zum Trinken, sondern auch zum Waschen. Und das wurde dann aufgespart, und wenn wir genügend hatten, wurde unser Zeug gewaschen. Wenn wir es überhaupt wuschen. Da haben wir nicht soviel Wert drauf gelegt, denn es gab eben doch kein Wasser dafür.

Kapitän von Essen: Jede Woche kriegten wir so eine Holzpütze voll Wasser. Da haben wir uns drin gebadet, aber so, daß kein Tropfen vorbeifiel, denn in diesem Wasser mußten wir ja auch unser Zeug waschen. Gespült oder sonstwas haben wir vorne in der Tonne mit Salzwasser.

Segelmacher Frackowiak: Zuletzt haben wir uns gar nicht mehr gewaschen, weil wir es nicht mehr durften. Der Zimmermann hatte nämlich einen Wassertank aufgemacht, und da ist von oben eine Ratte reingefallen. Da war es schon mal aus, nicht. Das Wasser konnte man sowieso nicht mehr gebrauchen.

Kapitän Stephan: Und dann warteten wir auf die Mallungen. Denn in der Mallung kommen die Regengüsse.

*...tummeln sich die Jungmaaten nackt und braungebrannt wie kleine Kinder und waschen sich endlich mal nach zwei Monaten...*

Die großen Persenninge wurden aufgespannt, und auch wir hatten so ein Ding da, das Wasser auffing und dann in den Tank leitet, bis er voll ist. Und der Koch macht seine sämtlichen Pötte voll mit Regenwasser. Zusätzlich werden die Fäßchen in den Booten wieder mit Wasser aufgetankt. Und wenn das alles geschehen ist, werden die Speigatten dicht gemacht. Das sind die Löcher, aus denen das Wasser, das an Deck schlägt, rausläuft. Die werden dicht gemacht, und wenn das Wasser fußhoch steht, tummeln sich die Jungmaaten nackt und braungebrannt wie kleine Kinder und waschen sich endlich mal nach zwei Monaten, nicht wahr. Das war dann ein großes Vergnügen.

Einmal entschloß sich unser Kapitän, nicht auf dem nächsten Weg nach Colombo rüberzugehen, sondern er ging runter nach der Sundastraße. Das hat er mit Willen gemacht, der wollte dem Verkehr ausweichen. Und dann passierte es: Eine große arabische Dau kam mit einem sehr günstigen Wind auf uns zugesteuert. Und da standen mindestens, also wenigstens, dreißig bis vierzig nackte, stämmige Neger an Bord. Und die riefen uns immer etwas zu. Der Kapitän war smart, der sagte nur: »Wenn die rankommen an unseren lahmen Kahn, das sind ja höchstens noch sechs Meilen, werden sie uns entern und killen«. Und da hat der Kapitän abgedreht und ist abgehauen, aber so, daß die mit dem Wind nicht nachkommen konnten. Wir sind denen entkommen. Bis heute weiß ich, die wollten an Bord und uns entern. Das waren Piraten.

Danach sind wir die Sundastraße runtergegangen und kamen ins chinesische Meer. Bis dahin hatten wir Schönwetter gehabt, aber da ging das Schlechtwetter los. Und es war so schlecht, daß unsere Kohlen nicht mehr reichten. Wir mußten also einen Nothafen anlaufen und kamen zu den Pescadores Islands. Das sind Inseln, die zwischen dem Festland und Taiwan liegen. Wir liefen in einen Hafen ein, einen japanischen Stützpunkt. Aufgeregt kommen japanische Offiziere an Bord und sagen: »Also hier seid ihr auf einem japanischen Stützpunkt. Heute abend müßt ihr wieder auslaufen. Wir geben euch Wasser und was ihr sonst nötig habt, aber Kohlen können wir euch keine geben. Außerdem möchten wir euer Kartenmaterial sehen, wo ihr diesen Hafen gefunden habt. Das ist ein geheimer Hafen!« Da haben sie in unsere Karten und Handbücher gesehen. Ein Chinese, der an Bord kam, riet uns, nach Kautschung zu gehen, ein Hafen, der im Süden von Formosa liegt, also auf Taiwan. Da könnten wir Kohlen kriegen. Aber der Kapitän war viel zu schlau und wußte, daß das gefährlich ist. Und so sind wir mit günstigem Rückenwind und allem, was wir noch in den Bunkern zusammenfegen konnten, bis Manila gekommen. Da haben wir uns zu Anker gelegt. In Manila lagen wir ungefähr zwei Monate. Da wurde Sekt an Bord geschleppt, wurde gefeiert. Und alles, was getrunken wurde, jede Flasche, die leer war, warfen wir zum Bullauge raus. Und ums Schiff herum schwammen die ganzen Flaschen, wie so'n Minengürtel sah das aus. Und dann kam die Ladung an die Reihe: Wir hatten siebzigtausend Gewehre an Bord gehabt. Der Kapitän hatte Waffen geschmuggelt. Und wir bekamen eine Monatsheuer extra, als Gefahrenzulage.

# LANDGANG

Ingenieur Goering: So kamen wir glücklich in den Hafen von Pernambuco rein. Und da machten wir natürlich große Augen: die Brasilianer, die Farbigen, die Orangen und dies und das – ein ganz anderes Leben. Und da ist man aufgeregt, alles was man sich so als junger Mensch ersehnt hat, wirklich zu sehen. Neben den Strapazen der Seefahrt, neben den Arbeiten in den schlecht gelüfteten Maschinenräumen, mit einem Mal die neue, fremde Welt zu sehen.

*...und da machten wir natürlich große Augen: die Brasilianer, die Farbigen, die Orangen und dies und das...*

Kapitän Stephan: Vorher hatten wir schon unsere Anzüge rausgenommen und die Hosen schon mal unter die Matratze gelegt, daß sie auch eine schöne Bügelfalte hatten. Jeder nahm sich vor, sich erst einmal die Beine zu vertreten, und dann hieß es: Jetzt gehen wir erst mal in die Kneipe, um das Salz aus der Kehle zu spülen.

Mit Bier fingen wir an oder was weiß ich, mit Vino tinto, dem billigen Vino tinto. Danach gingen wir zu schärferen Sachen über, später wurde auch noch Pisco getrunken. Matrosen von einem anderen Segelschiff gesellten sich zu uns. Und es wurde Verbrüderung gefeiert. Noch eine Lage wurde ausgegeben, und dann waren da ja auch noch die netten Chileninnen. Die hatten so nette Beine, daß sie bei den Matrosen Unruhe stifteten. Plötzlich gab es eine Prügelei wegen irgendwelchen Eifersüchteleien. Weil der Wirt Angst um sein Geschirr hatte, rief er die Polizei, und kurze Zeit später kamen die Carabineros angeritten. Ich hab mich schnell verdrückt, bin schnell abgehauen nach dem Hafen und ließ mich von einem Fischer an Bord segeln. Aber die anderen wurden von den Carabineros abgeführt, bekamen so Schlingen um den Arm und mußten neben den Pferden herlaufen, auf denen die Carabineros saßen. So ging es direkt ins Gefängnis.

Am nächsten Morgen durften sie dort den Pferdestall ausmisten. Und dann mußte der Kapitän an Land kommen und sie auslösen. Zusätzlich kostete das Ganze auch noch Strafe.

Kapitän von Essen: Wenn man an Land ging, nicht wahr, dann ging man nicht nur Bier trinken, sondern nun fühlte man sich ja auch hingezogen zu den Damen weiblichen Geschlechts.

Zimmermann Wolff: In Buenos Aires lagen wir acht Tage, das war die schönste Zeit, da hatte jeder Hans seine Grete. Für uns war das kein Ehebruch, wir haben am nächsten Tag darüber gelacht. Wir hatten ja bezahlt, und damit war die Sache auch erledigt.

Kapitän Memmen: Das waren sowieso nur so kleine Städte, mit einem kleinen Musikpavillon. Da konnte man mal hingehen am Sonntag und sich die Musik anhören. Es gab nichts außer den Freudenhäusern, die sie dort hatten. Ja, da gingen wir natürlich auch hin, und ich erinnere mich noch an Icici, eine nette Inhaberin, die uns immer willkommen hieß. »Oh là là, da seid ihr ja!« freute sie sich, wenn wir kamen, und lud uns ein, meist zur Abendbrotzeit.

Zimmermann Wolff: Mit der »Lützow« sind wir hauptsächlich nach Mexiko gefahren. Wir lagen ganz weit draußen. Und dann kommen wir an die Pier – und wer läuft uns da in die Arme? Drei Mädchen. Und was sind das? Berliner Nutten. Stell dir vor, Berliner Nutten! Ich sag: »Jetzt komm ich extra nach Mexiko, nu kommt ihr und wollt euch uns anbieten, ihr habt ja nicht alle Tassen im Schrank!« Wir kriegten natürlich Krach, und die Berliner Nutten hatten nix Eiligeres zu tun, als die Carabineros zu informieren, wir hätten sie belästigt und beleidigt. Und die haben uns festgenommen, für die Carabineros war es ja was Neues, schöne deutsche Mädchen, blonde Mädchen, das war für die was anderes. Und für uns war das Gegenteil natürlich.

Kapitän Stephan: Havanna. Wenn wir in der Karibik eine Kreuzfahrt machten, war Havanna immer das Hauptziel, der letzte Hafen. Das war immer der I-Punkt drauf.

*...es gab nichts außer den Freudenhäusern, die sie dort hatten...*

Und wenn wir in Havanna an Land gingen, war es ein Muß, in der Sloppy Joe Bar einen Drink zu nehmen. Die Sloppy Joe Bar war in der ganzen Welt berühmt. Das war eine Bar mit einer riesigen Theke, und da kam alles zusammen, wirklich alles traf sich da. Die Passagiere, die Offiziere. Gewöhnlich wurden wir als Vierte Offiziere von den Zweiten Offizieren in der Messe ziemlich herablassend behandelt. Die dachten, sie sind was Besseres als wir. Aber in der Sloppy Joe Bar prosteten uns die Zweiten Offiziere zu. Und das empfanden wir als ganz große Auszeichnung.

Ingenieur Goering: Wir waren zwei Assistenten in einer Kammer. Da kam eine Mutter, eine Chinesin, mit ihrem vielleicht vierzehnjährigen Mädel an, und fragte uns: »Susi susi, susi susi?« Wir wußten nicht, was das bedeutete. Es heißt: »Ich überlasse Ihnen bis morgen meine Tochter, geben Sie ihr etwas zu essen. Wenn Sie etwas zu Nähen und zu Stopfen haben, macht sie das!« Sie wollte, daß ihre Tochter bei uns bleibt – über Nacht bis zum nächsten Tag. Nur damit sie zu Essen und Trinken hat. Wir haben natürlich abgelehnt, haben uns darauf nicht eingelassen. Aber ich will nur sagen, wie traurig die Verhältnisse da waren, daß eine Mutter mit ihrer vierzehnjährigen Tochter an Bord kam, sie dalassen wollte, nur damit sie sich mal endlich sattessen konnte bei den jungen Leuten.

Kapitän Stephan: Das ist jämmerlich, natürlich. Aber so war unser Leben. Und ich bin manchmal fünf Jahre nicht nach Hause gekommen, weil ich mir dachte, die Zeit ist viel zu kostbar auf See, als daß ich sie mit einem Urlaub verplemper. Heutzutage will der Kapitän immer wieder schnell zurück nach Haus. Heute haben sie alle länger Urlaub. Also, es ist furchtbar.

Heizer Dr. Helbig: Die Seefahrt ist doch letzten Endes ein bißchen eintönig, weil immer nur Häfen und Häfen und Ozeane, gut, aber was kommt hinter dem Hafen?

# ROLLING HOME

Heizer Dr. Helbig: Als ich auf der »Schleswig-Holstein« fuhr, einem Schiff, das nach Mexiko bestimmt war, und wir auf der Rückreise waren, hatten wir vorher noch in Veracruz gebunkert.

Kapitän Memmen: Überall gab es diese Bunkerstationen. Sie mußten in der ganzen Welt vorhanden sein, damit die Dampfmaschinen entsprechend gespeist werden konnten.

Kapitän Stephan: In x Häfen müssen sie Kohlen nehmen, und das Schiff ist dann dauernd voller Kohlenstaub.

Heizer Dr. Helbig: In der gesamten Dritten Welt wurden die Kohlen noch durch Menschen hereingetragen, in Körben auf den Köpfen. Eine ungeheuerliche Arbeit für die Leute, denn die Kohlen wurden auf Pontons oder auf Leitern ans Schiff herangebracht, aber die Luken für die Bunker sind ja oben auf Deck. Und deshalb mußten von den Pontons zum Deck hinauf Planken gelegt werden, schrägliegende Planken, auf denen die Leute dann mit ihren gefüllten Kohlenkörben auf dem Kopf rauf- und leer dann wieder herunterkamen. Mindestens dreißig, vierzig Leute waren ununterbrochen auf dem Weg, meistens Frauen. Die liefen mit den Lasten so schnell wie möglich die Planken hinauf, das Stück über Deck bis zur Luke, und kippten den Korb über den Kopf hinunter.

Kapitän Stephan: Woraufhin dann die Trimmer die Kohle zu den Feuern brachten. Und an den Feuern standen die Heizer und verfeuerten sie.

*...mindestens dreißig, vierzig Leute waren ununterbrochen auf dem Weg, meistens Frauen...*

Heizer Dr. Helbig: Nehmen wir mal ein Schiff von zehntausend Tonnen und vier Kesseln mit je drei Feuern, dann hat das Schiff also zwölf Feuer. Und diese zwölf Feuer verbrauchen im Durchschnitt jeden Tag fünfzig Tonnen, tausend Zentner. Wenn man das nun auf die sechs Wachen rechnet, jede Wache sind vier Mann, dann kommen auf jeden Mann zwanzig bis dreißig Zentner.

Zimmermann Wolff: Stell dir vor, du hast einen Kohlenzieher, der einsachtzig groß ist und vier Stunden krumm mit der Schiebkarre laufen muß und die Kohle vors Feuerloch schippen, wo der Heizer stand.

Heizer Dr. Helbig: Da hat man bestimmt an die vierzig bis fünfundvierzig Grad auf sich. Und wenn man merkt, daß sich die Haut hochzieht, geht man eben ein bißchen weiter zurück. Außerdem schwitzt man ja furchtbar, wofür es die Schweißtücher gibt. Das sind einfache Tücher aus saugfähiger Baumwolle, die man um den Hals trägt. Alle zwei, drei Minuten ist es so voll, daß man es auswringen muß. Wenn ich direkt vor die Feuer gehen würde, wären das achtzig bis neunzig Grad. Wenn dann etwas Brise aus den beiden Ventilatoren, den Windhutzen, herunterkommt – unsere Plätze darunter haben wir festgelegt –, stellen wir die Aschpützen darunter und legen ein Brett oben drauf, daß wir wie auf einer kleinen Bank sitzen. Unter der Windhutze hängt ein Kessel mit ungesüßtem Tee oder mit Haferschleim, der von der Küche für die Heizer geliefert werden muß, damit wir immer Feuchtigkeit zu uns nehmen können. Die Trimmer holen vor jeder Wache diese Eimerchen aus der

*...außerdem schwitzt man ja furchtbar, wofür es die Schweißtücher gibt...*

Kombüse ab und dazu einen Politikus. Der Politikus ist ein Auffüllöffel, mit dem man sich etwas aus dem Eimerchen holt, um dann wieder ein bißchen frisch zu sein.

Segelmacher Frackowiak: Unten in die Maschine konnte man nicht gehen, ohne dicke Handschuhe anzuziehen. So heiß waren die Geländer. Eine Hitze! Wenn die Heizer da oben an Deck standen, so neben uns, wenn wir gerade klönten, augenblicks standen die im Wasser, so lief denen der Schweiß runter.

Zimmermann Wolff: Und was waren wohl die saubersten Zimmer? Heizer und Kohlenzieher! Wenn die aus der Maschine rauskamen, hatten sie ihren großen Waschraum mit Duschen, außerdem einen Umkleideraum, in dem sie sich zuerst nackt auszogen. Da hing auch das Freiwachpäckchen, so nennt man das, für Freiwache. Schöne dunkle Hose, sauberes Hemd, das zogen sie sich an, und so kamen sie aus dem Heizraum raus. Frisch rasiert. Und die Köche, die gingen so wie sie aus der Küche kamen in die Kammer, schmissen sich einfach in die Koje rein. Die waren nicht so sauber wie die Heizer.

Kapitän Memmen: Man bunkerte ja nur so viel, daß man gut bis zum nächsten Hafen hinkommen konnte. Nicht zuviel Kohlen, weil man ja Ladung transportieren wollte. Bloß nicht das ganze Schiff voll Kohlen. Auch ich hab natürlich diese Menschen, diese Schwarzen bedauert, Frauen und Kinder, die die Kohlen auf dem Kopf an

Bord trugen, kleine Körbe, mit Kohlen gefüllt, in einer endlosen Schlange an Bord und wieder zurück. Die hatten auch Kinder, die arbeiteten. Kinderarbeit. Einmal hatte ich eine Unterhaltung mit dem Vormann. Und er war so hart gewesen, dieser Vormann, zu einem Kind. Er hat es geschlagen, und das war mir zuwider. Sag ich: »Laß das hier, nicht in meiner Gegenwart!« Also, ich war empört, daß diese kleinen Kinder dann auch noch geschlagen wurden.

Heizer Dr. Helbig: Ungefähr auf der Höhe der Azoren merkte man, daß auf dem Schiff irgend etwas nicht stimmte. Der erste Maschinist, der Chief, der rennt herum, und der Kapitän hat eine saure Miene. Was ist los? Zunächst wurde uns nichts gesagt. Aber kurz darauf wurden ein wenig begnadeter Maschinist und sein Assistent beauftragt, mit Meßlatten und Meßbändern die noch vorhandenen Kohlenvorräte in den Bunkern auszumessen. Das wird oft gemacht. Mit Meßlatten die Höhe und dann mit Bändern den Umfang auszurechnen. So konnte man das genau ermitteln. »Das reicht nicht bis zum Kontinent!« Was nun? Schlechte Stimmung. Erster Befehl an die Heizer: »Jedes bißchen Feuer so halten, daß aber auch bis zur letzten Krume alles in Energie verwandelt wird!« Oder sie standen beim Feuerreinmachen, am Anfang der Wache, daneben: »Den Brocken, den schieben Sie mal noch zur Seite, und den da können Sie noch mal reinwerfen!« Dann wurde alles, was irgendwie brennbar und überflüssig auf dem Schiff war, in den Heizraum geschafft und verheizt, vor allem Holz. Dazu gehörten zunächst die Rettungsbretter. Die Rettungsboote mußten bleiben. Aber auf dem Achterschiff liegen noch Bohlen, die bei sinkendem Schiff auch über Bord geschmissen werden, damit sich andere noch an sie festklammern können. Und die kamen jetzt zuerst an die Reihe. Dann kam das Beiboot. Dann die Türen, es folgten die Zwischentüren von den Kammern, also die ganzen Vorräte vom Zimmermann. Alles kam nach unten und wurde verheizt. Und dann ganz langsam, die langsamste Fahrt, die es gibt, nicht die schnellste, denn je langsamer, um so weniger wird verbraucht. Und an einem nebligen Morgen waren wir dann vor Falmouth, das ist der erste Platz, den man unten an der Südost-Ecke Englands kriegen kann, und da sind wir reingerutscht und haben bis abends gebunkert. Erst dann konnten wir endlich zum Kontinent rüber.

Koch Rauch: Wenn man zurückfährt nach Deutschland, dann macht man Farbewaschen. Die Matrosen und alle Leute in der Küche oder wo auch immer sie waren, ob oben oder an den Maschinen, mußten alle Teile, die blank werden sollten, blank machen. Und damit fing man immer so die letzte Nacht vor Hamburg mit an, weil man ja die Arbeit, wie heute auch, häufig vor sich hinschob. Aber dann »gib ihm die Brust«! Doch dazu hatte ich keine Lust. Ich denke, Scheiße, denn malst du das einfach schön an. Ich hatte so eine Tube, so eine kleine Aluminiumschale voll Goldbronze. Die hatte ich mir gezielt gekauft, ich glaub, es war in Antwerpen. Hab das Zeugs schön geschüttelt, und mit dieser Farbe, mit dieser Goldbronze, hab ich das schön bemalt, auch auf Rat von einigen meiner Mitgenossen da. Also, ich bin voll ins

Messer gelaufen, das bin ich. Und bekam auch gleich meinen Sack dafür. Kam der Vierte rein und sagte: »Was machst du denn da?« Da war was los! Flog ich runter vom Schiff!

Kapitän von Essen: Normalerweise ist das Schiff, wenn wir nach Hamburg kommen, von Topp to Bottom frisch gemalt, und alles ist in Ordnung. Meistens machten wir Überstunden, in den Wachstunden ging das nicht. Wir mußten entrosten, Geschirr überholen und wangeln – das fällt jetzt alles weg. Alles mußten wir während der Fahrt machen. Im Hafen ist nur Raumwache, wenn die Ladung gelöscht wurde, da wurde immer aufgepaßt, daß man als Matrose seine Wache ging, damit nix geklaut wurde.

*...normalerweise ist das Schiff, wenn wir nach Hamburg kommen, von Topp to Bottom frisch gemalt...*

Koch Rauch: Und wenn wir in Hamburg ankamen, wurde das Schiff auch ausgegast, wegen der Kakerlaken. Aber sie waren freundlicherweise alle am nächsten Morgen wieder da: »Guten Morgen. Da sind wir alle wieder. Wie gewohnt.«

Zimmermann Wolff: Die Vorfreude! Man kann sich das nicht vorstellen. Sie kommen von einer Vier-Monats-Reise, und man freut sich schon vier Wochen vorher: Kommst nach Hause! Aber wenn Sie dann nach Hause kommen, dann ist alles anders, wie Sie sich das gedacht haben. Die Vorfreude! Oh, was hab ich mich gefreut, und was hab ich alles geschmiedet, und wenn ich nach Hause kam, dann fiel alles in' Sandhaufen, nicht immer, aber oft.

Kapitän Stephan: Meist wurde nach einer großen Reise alles abgemustert. Man blieb so lange an Land, wie das Geld reichte und wie man Kredit beim Heuerbaasen hatte, nicht wahr.

# WIEDER AN LAND

Heizer Dr. Helbig: Im November 1927 bin ich mit Geographie, Geologie und indonesischen Sprachen in Hamburg immatrikuliert worden. Und bin dann in den Ferien sofort wieder gefahren.

Im vierten Semester war es dann soweit, daß ich mich auf der »Menis« hinüberarbeiten konnte. Zuerst habe ich in der Stadt Batavia gearbeitet und bin dann die ganze Insel kreuz und quer durchreist und durchwandert. Das ging von der Opiumhöhle bis zum Küstensumpf. Die Expedition war alles in allem sehr anstrengend, weil ich sie in einem absoluten Zickzack durchgeführt habe, in keiner geraden Linie, sondern immer von einem großen Fluß ins Umland, im Zickzack wieder zum Fluß, im Zickzack wieder ins Land und in die Gebirge. So sind ungefähr dreitausend Kilometer zusammengekommen. Denn ich bin von West nach Ost und von Ost nach Süd gewandert. Trotzdem hat das Ganze nicht einmal acht Monate gedauert. Dann kam ich zurück und reichte meine Dissertation ein, die ich zum Teil schon drüben angefangen hatte und hier fertiggemacht habe. Ich bekam sie mit gutem Erfolg zurück. Mit »summa cum laude«, was eigentlich sehr selten ist, das ist die höchste Stufe.

Segelmacher Frackowiak: Das drehte sich ja immer um die Schule. Schulzeit. Man mußte mindestens vierundzwanzig Monate als Matrose gefahren haben.

Kapitän von Essen: Denn trotz Backenbleiben, Sitzenbleiben in der Schule, habe ich mit vierundzwanzig Jahren mein Kapitänspatent sogar aus Versehen mit Gut gemacht, unverdient, weil ich viel gemogelt hab.

Kapitän Stephan: Und dann hieß es, daß ich zwei Jahre als Offizier auf der Brücke fahren muß und mindestens dreitausend astronomische Beobachtungen machen. Anschließend folgte noch der Kapitänskursus, der auch noch mal wieder anderthalb Jahre oder was weiß ich dauerte.

Danach war ich dann ein Seemann ohne Schiff.

Kapitän Memmen: 1929 wurden viele Schiffe ja schon aufgelegt. Und wir hatten auch in Bremerhaven Schiffe aufliegen. Genau in diesem Jahr begann die schlimme Zeit, da hatten wir in Hamburg den großen Schiffsfriedhof. Das war die Weltwirtschaftskrise, die uns arg mitgenommen hat.

Ingenieur Goering: Das war eine Zeit, in der Deutschland ungefähr sieben Millionen Arbeitslose hatte. Und da zu heiraten war ein Wagnis.

Ich war jetzt auf der Schiffsingenieursschule. Wie ich an einem Sonntag in einem Altonaer Lokal mit zwei Kameraden bin, sind da auch drei Mädels. Es war ein nettes Lokal, mit kleiner Musik, einem Klavierspieler und einer Geige. Die Mädels saßen in der Ecke. Wir saßen auch in der Ecke und forderten die mal zum Tanzen auf. Und nachher setzten wir uns zusammen an den Tisch. Und bei der Gelegenheit habe ich dann das Mädel kennengelernt, und die hat mir gut gefallen, hab die noch nach Hause gebracht. Wir wohnten alle in der Nähe, in Altona damals. Und da haben wir uns in der Mitte der Woche wiedergetroffen, und bald sagte ich nach drei, vier Tagen zu meinem Kameraden, der bei mir im Haus wohnte: »Dieses Mädel, die heirate ich, und sonst keine!« Und dann sind wir beinahe dreiundfünfzig Jahre verheiratet gewesen. Vor zwei Jahren ist meine Frau gestorben, hätte sie einen Monat länger gelebt, dann wären wir dreiundfünfzig Jahre verheiratet gewesen.

Zimmermann Wolff: Nu' war Weihnachtszeit, und ich hatte niemanden hier. Die meisten gingen ja zu ihren Verwandten oder zu Bekannten und Freunden. Aber ich kam aus Pommern, und wie sollte ich da jemanden besuchen? Da hat mich mein Schwiegervater damals zu sich nach Hause eingeladen, und dort habe ich meine Frau kennengelernt. Ich habe sie ausgeführt, wir sind essen gegangen, ich habe sie wieder eingeladen, na ja, und so ging das eine Weile weiter. Das hat 'ne ganze Zeit gedauert. Und schließlich war denn doch mal was, das muß so zwischen 1931 und 1932 gewesen sein. Da kam sie denn an, und ich frag: »Was ist denn los mit dir?« – »Das frägst du noch?« Und ich sag: »Fragen muß ich doch!« Da war es also soweit, daß unser Junge schon unterwegs war. Und da haben wir geheiratet. Und wurden zu Hause kirchlich getraut. Wenn sie noch einmal jung wäre, sagt meine Frau, würde sie wieder einen Seemann heiraten. Eine Seemannsfrau ist eine ewige Braut: die Liebe ist immer wieder neu.

Kapitän Memmen: Meine Frau hatte ich kennengelernt, als ich mit der »Priswall« zurückkam. Vor der Reise schon. Sie ist Kapitänstochter aus einer bekannten Bremerhavener Familie. Ich war ja nicht berührt von den örtlichen Verhältnissen und machte einen Bürgerclubausflug mit meiner Mutter. Ging also mit ihr, und sie mit uns Kindern. Zuerst sind wir zum Dorf Bremervörde und haben dann von der »Waldmühle«, das war sehr nett, so eine Tour durch den Wald gemacht. Und haben draußen Kaffee getrunken. Und da saß ich nun an dem Tisch meiner Mutter. Und die sagte mir: »Junge, geh doch auch mal tanzen. Tanz doch mal mit der kleinen Wurbs, die ist auch da!« Und dann hab ich da zum ersten Mal mit der kleinen Wurbs getanzt. Die gefiel mir gut, sie sah gut aus. Die hatte ich früher als Junge schon mal gesehen. Aber Gott, ich habe die Mädchen ja weiter nicht beachtet. Hatte auch nie den Mut gehabt, sie mal aufzufordern, damals. Nur durch den Anstoß meiner Mutter ist das also geschehen, und so habe ich meine Frau kennengelernt. Schon während meiner Steuermannszeit haben wir uns geschrieben. Offizielle Verlobung war dann erst, nachdem ich mein Schiffspatent hatte. 1928 haben wir uns nun doch versprochen und sind so beieinander geblieben. Das sind jetzt also bald sechzig Jahre.

Zimmermann Wolff: Ich war so selten zu Hause. Wenn eines von den Kindern Geburtstag hatte, wo war der Vater? Nicht da. Das Wort Feiern, Geburtstage feiern, ist verschwunden bei uns, das gab's eben nicht. Und das kann man auch nicht weglöschen, in vierzig Jahren. Die Älteste hat ihren Vater gar nicht gekannt, ich durfte sie nicht anfassen und nix, da hatte sie Angst, da schrie sie dann, wenn ich da war. Meine Frau hat ihr mein Bild, das sie auf ihren Nachttisch gestellt hatte, gezeigt und ihr immer gesagt: »Das ist dein Papa, das ist dein Papa!« Und zuletzt, wie sie so drei Jahre alt war, hat sie mich auch an-erkannt, dann durfte ich sie mal anfassen und auch mal auf den Arm nehmen, aber sonst nichts. Wenn wir mal irgendwo hinwollten und den Kinderwagen nicht mit-nehmen konnten, mußte meine Frau das Kind tragen, die ging nicht zu mir. Nein, für sie blieb ich ein fremder Mann. Eben weil ich so wenig da war.

# UNTERM HAKENKREUZ

Ingenieur Goering: Im Herbst 1932 ging es mit der Wirtschaft langsam wieder bergauf. Und das andere, die politische Entwicklung, geriet nun in diesen Wiederaufbau hinein, den wir an uns selbst spüren konnten, denn wir sind dann nach Rußland gefahren. Auch andere Schiffe wurden frei und wurden wieder in den Dienst gestellt. Natürlich mit viel Arbeit für uns, aber wir kamen wieder ran, wir wurden wieder. Es ging langsam aufwärts, und das war der Trend.

Segelmacher Frackowiak: 1933 war ich die meiste Zeit in der Taklerei, weil ja nix los war. Ich hätte in den SA-Verein gehen können, denn die haben sie ja meistens versorgt. Aber ich wollte nicht.

Heizer Dr. Helbig: Ich weiß noch genau, wie mein Professor zu mir sagte: »Sie haben eine wunderbare Dissertation geschrieben und ich würde Sie gerne als Assistenten einstellen, ich brauche einen Assistenten. Sind Sie in der Partei?« – »Nein, Herr Professor!« – »Ja, sind Sie denn wenigstens... sind Sie in gar keiner Organisation. In keiner NS-Organisation? Sie müssen mindestens im NS-Dozentenbund sein, damit ich Sie einstellen darf!« Ich sag: »Tut mir leid, tu ich auch nicht!« Darauf sagt er: »Dann kann ich Ihnen auch nicht helfen!«
Seitdem bin ich freiberuflich geblieben.

Kapitän Stephan: Auf der »Relines« ging es schon los. Da hatten wir einen sogenannten Stützpunktleiter, der war Weinsteward. Und der Obersteward wollte sich wohl ein bißchen einschmeicheln und hat dem Weinsteward, diesem betagten Weinsteward, eine Erste-Klasse-Kabine gegeben, damit er sich mehr der nationalsozialistischen Arbeit widmen könnte.

Ingenieur Goering: Ja, sicher. Da gab es Zellenleiter oder Blockleiter und auf größeren Schiffen Ortsgruppenleiter. Die hatten ihre Uniformen an. Dann machten sie ein paar Freiübungen oder paradierten, gingen also ein bißchen auf und ab. Vor allen Dingen trafen sie sich, wenn sie in Hamburg waren, an Land oder auch manchmal im Ausland, denn es gab ja auch Auslandszellen in Buenos Aires und in Rio. Da hatten die Auslandsdeutschen verschiedene Zellen gegründet und aufgebaut. Und mit denen trafen sie sich dann. Ich erinnere mich

Mit »Heil Hitler« begrüßt die »Deutsche Kolonie Lissabon« die KdF-Urlauber im Hafen.

111

noch, wie die deutschen und österreichischen Passagiere auf einer Reise mit der »Gustloff« nach England über den Anschluß Österreichs an Deutschland abstimmen sollten. Ob ja oder nein. Da sind wir rausgefahren in die Dreimeilenzone und haben bis auf eine Stimme alle für den Anschluß gestimmt. Österreicher und Deutsche. Nur eine Stimme war dagegen.

Kapitän Stephan: Und dann haben sie doch die Frechheit besessen – ich seh noch die Gesichter von den Passagieren –, am Vordeck in Naziuniform zu exerzieren. Und der Kapitän konnte nichts machen. Was sollte er machen? Er konnte nichts machen.
Ich habe da sehr viel Glück gehabt, denn die Hapag war sehr nett zu mir. Die haben mir gesagt: »Du bist viel zu unvorsichtig mit deinen politischen Reden.« Eigentlich war ich politisch eher unbedarft. Ich wußte nicht, daß es mich das Leben kosten könnte, wenn ich da so 'ne kleine Kreatur bekrittel. Da haben sie mich raufgerufen und mir gesagt: »Es ist besser, Sie verschwinden für gewisse Zeit von der europäischen Bühne.« Und haben mich mit einem Zweijahreskontrakt auf einem Küstendampfer nach Venezuela geschickt.

Zimmermann Wolff: Während der Freizeit sind sie links und rechts marschiert, kehrt marsch! War ein Postraum leer oder irgendein anderer, wurde da exerziert.

Heizer Dr. Helbig: Als ich 1935 auf der »Ozeana« fuhr, passierte ja diese Röhm-Affäre, mit dem Röhm. Wir wurden alle an Deck zusammengerufen, um nochmals einen Eid auf unseren geliebten Führer abzulegen. Um dem zu beweisen, wie wir alle hinter ihm standen. Und da stand die gesamte Mannschaft unseres Schiffes so da, aber nicht so. Aber mit ungeheurer Angst, weil unter uns auch immer Spitzel waren, nicht? Aber wen ich auch gesehen habe, wir standen nur so.

Segelmacher Frackowiak: Ja, das war gar nicht so einfach. Ich wurde denn da Betriebsobmann, oder wie die sich bei den Nazis genannt haben. Und die wollten nun immer, daß ich in die Partei reingehe. Und das habe ich nicht gemacht, habe ich nicht gewollt. Dann bin ich in den Luftschutzbund eingetreten. Für fünfzig Pfennig im Monat. Nun hatte ich auch was zum Vorzeigen.

Zimmermann Wolff: Ständig kamen sie an Bord, Ortsgruppenleiter und alles sowas. »Wann kommst du zu uns?« Ich sag: »Hör mal zu, alles was ist, kostet Geld, und ich hab kein Geld. Meine Frau ist krank, ich hab noch Schulden!« Und sie wußten, ich war auch smart. Ich war nie vorlaut, wenn da was los war, hab ich gehorcht, aber ich hab mich nie in den Vordergrund gestellt. Wenn die marschiert sind oder die kamen an, dann bin ich zurückgegangen, einen anderen Weg gegangen. Ich hab nie den Arm hochkriegen können.

Ingenieur Goering: Ich wurde damals bearbeitet, ich soll auch in die Partei eintreten und hab mich da noch so ein bißchen zurückhalten können. Aber am ersten Januar 1935, ich weiß genau, es war auf der »General San Martin« und es war Silvester: wir hatten einen kleinen getrunken. Na ja, dann war ich eben soweit, beim Morgen-schoppen, da hab ich am 1. Januar meine Eintrittser-klärung unterschrieben, zur NSDAP, 1935.

Kapitän Memmen: Ich bin später aus freien Stücken in die Partei gegangen, weil ich gesehen habe, daß doch manches gut war. Und besonders, was die Schönheit der Arbeit anging. Es wurde jetzt für die Ausstattung viel ge-tan. Es wurde für den Seemann im Ausland wirklich viel getan.

Kapitän von Essen: Ich habe gar nicht gewußt, daß der Bootsmann so ein großer Vertreter von der Partei war. Und noch zwei Leute auf der »Hamburg« waren in der Auslandsorganisation. Und die kamen nun zu mir an Bord. »Mensch, von Essen, verdammt noch mal, hier ist doch alles in Ordnung. Wir haben da so viel arrangiert. Sie gehören doch zu uns. Sie müssen in die Partei, sonst werden Sie bei der Hapag nie Kapitän!« Aber da bin ich nochmal losgezogen, denn es paßte mir nicht. Und dann hab ich eben doch die Hand gehoben und bin in die Partei eingetreten.

Ingenieur Goering: Was bemerkenswert war: Später, auf dem Schiff »General San Martin«, einem Turbinenschiff, sahen wir schon verschiedene Juden, die ihre Sachen ge-packt hatten und ins Ausland wollten. Sie hatten Angst vor dem, was kommen konnte. Und die damals gefahren sind und zur rechten Zeit geflohen, die haben es ja auch richtig und vernünftig getan.

# CUNARD WHITE STAR
## N A C H   A M E R I K A

**D. „Queen Mary", 81 235 t**

Regelmäßig wöchentliche Abfahrten mit
den bekannten Riesenschnelldampfern

**„Queen Mary"  „Berengaria"  „Aquitania"**

sowie mehrmals wöchentlich
mit den großen Kajütschiffen

**„Britannic"   „Carinthia"**

**„Franconia"    „Georgic"**

u. a.

Günstige Durchbuchung ab Hamburg,
Bremen usw. u. nach Inlandsplätzen in USA.

**Bordakkreditive  —  Rituelle Verpflegung**

Auskunft und Prospekte  kostenlos  durch

**CUNARD WHITE STAR REISEBUREAU GMBH.**
BERLIN W 8, Unter den Linden 37

**ATLANTIC EXPRESS GmbH.**
BERLIN NW 7, Friedrichstraße 100

**REISEBUERO TRAVERSUM, BERLIN W 15**
Kurfürstendamm 224

Aus dem »Jüdischen Gemeindeblatt«, Berlin. 28. November 1937

Zimmermann Wolff: Und dann diese Geschichte mit den Devisen. Die Frauen mußten sich deswegen nackend ausziehen, nur fünfzig Mark, glaub ich, waren erlaubt, was du als Devisen mitnehmen konntest. Die Kontrolle war ganz streng wegen Devisenschmuggel. Jeder Jude wurde visitiert. Wenn sie Gold am Finger hatten oder sonstwas hatten an Wertsachen, wurde denen, die Erlaubnis kriegten, nach Amerika auszuwandern, hier alles weggenommen. Alles an Wertsachen. Hören Sie mal, ich hab mich mitunter selbst geschämt. Glauben Sie, ich hab mich umgeguckt und manch einem so einen halben Tritt gegeben: »Hau bloß ab!« Ich kriegte es nicht fertig. Überhaupt, in den Mund hab ich nie reingeguckt. Was Hundertprozentige waren, die haben die Goldzähne sogar aus dem Mund rausgeholt.

Ingenieur Goering: Im Mai 1937 war ich an der Elbküste und bin extra mit meiner Frau stehengeblieben, denn drüben bei Blohm und Voss lief ein wunderbares Schiff vom Stapel, das war die »Wilhelm Gustloff«. Und als diese »Wilhelm Gustloff« noch im Bau gewesen war, drüben bei Blohm und Voss, kam ich mit zur Bauaufsicht rüber, wie es damals hieß. Das war dann aber schon 1938, wie ich da an Bord kam. Mit drei Zwoten, also ein leitender Ingenieur und die drei Zwoten. Wir haben die Maschinenproben gemacht und dann die erste Reise. Und das war alles glänzend verlaufen. Einmal waren die Reisen gut, weil das nicht so weit war, die Norwegenfahrten. Wir waren alle fünf Tage wieder zu Hause. Und meine Familie freute sich. Dann kriegten wir den Auftrag, nach Spanien zu fahren und die von den

Stapellauf der »Wilhelm Gustloff« am 5. Mai 1937

Kämpfen zurückkehrende Legion Condor zurückzuholen. Bei uns an Bord kam das Flakregiment F 88. Die
Legion Condor hatte damals ja mit zum Sieg verholfen,
hatte den Franco unterstützt. Wir haben sie hierhergebracht, und die wurden dann großartig empfangen.
Herzlich willkommen an der Elbe, mit riesigen Transparenten. Die Elbufer waren schwarz von Menschen, wie
die Schiffe »Gustloff« und noch andere da vorbeifuhren.
Ich weiß nicht, ob die »Robert Ley« damals auch schon
dabei war. Aber auch Kriegsschiffe und Begleitschiffe
kamen zurück, und im Hamburger Hafen war eine riesige Begeisterung.

*...und brachten die von den Kämpfen zurückkehrende Legion Condor zurück....*

Heizer Dr. Helbig: Achtunddreißig war ich in meiner Heimatstadt Hildesheim und habe gesehen, wie sie die Synagoge angesteckt haben und die Juden durch die Stadt getrieben, ohne Hosenträger, die Männer. Die mußten den ganzen Schaumarsch durch die Stadt ihre Hosen festhalten. So weit ist das gegangen. Das glaubt ihr jungen Leute nicht, was das für Typen gewesen sind, die nur Lust hatten, irgendwie zu morden oder irgendwie auszurotten.

Als ich mit der »Hanau« aus Borneo zurückkam, wurde ich unten am Fallreep von zwei Gestapo-Leuten empfangen, weil ich von drüben angeschwärzt worden war. Von dem deutschen Nazi-Länder-Gruppenführer in Indonesien war ich hier, in Goebbels Büro, angeschwärzt worden, weil ich nicht mitmachte. Stehen die zwei Kerle vor mir und sagen, ich soll mich morgen früh auf dem Stadthaus melden. Ich bin dreimal vor der Gestapo gewesen, aber es ist jedes Mal gutgegangen.

Kapitän Memmen: Es war da ein ganz fixer Jude an Bord gekommen. Und ganz vorne hatten wir die Gösch, die Hakenkreuzflagge. Die hat er abgeschnitten, und dann, huschhusch, ist er mit der Flagge von dieser großen Höhe ins Wasser gesprungen. War ja eine Leistung.
Es waren ja nun noch mehrere Juden an Bord und schließlich unsere Besatzung, und so gab es eine Hauerei, und keiner wußte mehr, wer Freund und Feind war. Schließlich mußten wir die Polizei anfordern, die mit berittenen Pferden am Pier stand, um die Menge zurückzutreiben, die da gegen uns demonstrierte und protestierte. Und das schlimme war, daß diese Menge es den Passagieren schwermachte, überhaupt von dem Schiff herunterzukommen. Die Amerikaner wagten ja kaum noch, da durchzugehen, weil sie angepöbelt wurden, daß sie mit uns fuhren. So schwer war das. Und dadurch ging die Passagierzahl ja auch zurück.

Kapitän von Essen: Auf der »Duisburg« hatten wir vierundzwanzig Passagiere. Es waren vierzehn Juden und zehn normale. Also Deutsche. Aber es ist alles klargegangen. Wir haben die Juden in Shanghai gut abgeliefert.

Ingenieur Goering: Ja, wir waren in Norwegen gewesen. Fuhren von Norwegen rückkehrend nach Hamburg. Und wurden in der Nordsee von einem englischen

Torpedoboot angehalten. Und das Boot stoppte unser Schiff, und es kontrollierte, ob da wirklich nur, wie der Kapitän sagte, Zivilisten an Bord waren, oder ob das schon Truppen oder Soldaten waren. Und ließ uns dann wieder weiterfahren.

Das war die erste Begegnung vor dem Krieg.

Heizer Dr. Helbig: Ich war kurz vorher noch in Danzig und Königsberg zu Vorträgen gewesen. Und wo ich auch hinkam, spürte ich diese Antistimmung gegen die Polen, die »dreckigen Polen«, andere gab es ja nicht. Diese Stimmung war mir schon widerwärtig aufgefallen, und ich habe gewußt, das nimmt kein gutes Ende.

# KRIEG

Kapitän Stephan: Um zwei Uhr morgens war Kriegserklärung. Ich hab gleich den Kapitän geweckt, und wir haben sofort den Kurs geändert, auf die Juan de Fuca-Straße, sind also nicht nach Vancouver rauf, sondern gleich durch die Juan de Fuca-Straße. Dann haben wir das Schiff als französischen »Wisconsin« getarnt, mit schwarzem Topp und die Schornsteine rot. Die größte Hilfe waren für uns die amerikanischen Rundfunkstationen, denn die erzählten immer alles, was los war. Und die berichteten jetzt, daß die »Portland« aus Seattle ausgelaufen sei und wahrscheinlich den Weg nach

*...dann haben wir das Schiff als französische »Wisconsin« getarnt...*

Japan eingeschlagen hätte. Weiter hieß es, ein englisches Fluggeschwader würde die »Portland« suchen, hätte aber wegen des schlechten Wetters abdrehen müssen und gemeldet, die »Portland« nicht gesehen zu haben. Aber es sind Fischer reingekommen, die man dann befragt hat, und die sagten: »›Portland‹ haben wir nicht gesehen. Wir haben aber die ›Wisconsin‹ gesehen!« Da war es aus mit unserer Tarnung. Denn die »Wisconsin« war ein französisches Passagierschiff, das in San Francisco lag, wo gerade die Weltausstellung stattfand. Also haben wir das Schiff wieder umgemalt. »Suki Maru« – in einen Japaner. Und der Zimmermann mußte solche Kringel ranmalen, nicht wahr. Den Schornstein haben wir dann mit einem roten K angestrichen, wie die Japaner das haben. Und als »Suki Maru« sind wir dann ganz nach

*...weiter hieß es, ein englisches Fluggeschwader würde die »Portland« suchen...*

Süden gegangen, haben nicht ein Schiff getroffen, keine Rauchfahne, nix. Und so stießen wir zur chilenischen Küste vor.

Kapitän Memmen: Der Kapitän hatte eine Geheimanweisung in seinem Safe liegen. Und die kannten wir: alle Schiffe entweder in die Heimat oder einen neutralen Hafen anlaufen! Was wollen wir anlaufen? Wir laufen Massaua an. Wir konnten ja nicht weiterfahren, hatten keine Kohlen, und ohne Bunkerung kamen wir nicht durch den Suez durch. Da sind wir also in Massaua zu Anker gegangen, und dann kam ein Schiff nach dem anderen. Am Schluß lagen wir mit neun Schiffen auf der Reede von Massaua.

Kapitän Stephan: Bevor wir die Küste Seattles verließen, bekamen wir dreitausend Tonnen Weizen ins Schiff geschüttet. Und dieser Weizen war für London bestimmt. Aber jetzt war ja Krieg. Also hatten wir keine Hemmungen, diesen Weizen immer zu gebrauchen. Und zwar wurden von der Besatzung, die sowieso nichts zu tun hatte, denn wir hatten nur die notwendigsten Reinigungsarbeiten zu machen, welche abgestellt, die immer an der Kaffeemühle sitzen mußten und den Weizen durchmahlen. Und so hatten wir Mehl. Und immer die schönsten Rundstücke. Dann hatten wir noch die kleinen Schweinchen. Für das Geld, was der Obersteward an der Bar einnahm, kauften wir Schweinchen, und die wurden gemästet. Und wir hatten unzählige Fische. Die wurden auch geräuchert und schmeckten dann herrlich. Und wir fingen Krabben, unzählige Krabben. So viele, daß wir sie unsinnigerweise an die Schweinchen verfütterten. Und die gingen dann ein. Unser Schiffsarzt, Dr. Kaufmann, hat sie seziert, hat sie aufgeschnitten. Die Schalen von den Krabben hatten den armen Tieren die Därme zerschnitten.

Ingenieur Goering: Wir auf der »Wilhelm Gustloff« blieben erst mal in Hamburg, denn das Schiff wurde anfangs umgebaut. Erstmal wurde Personal entlassen, hauptsächlich das Bedienungspersonal, das Maschinen- und Deckspersonal blieb noch da. Und dann wurde die »Wilhelm Gustloff« zum Lazarettschiff umgerüstet. Dafür war es ja ideal gebaut, die großen Säle, die wir im Promenadendeck hatten, den Rauchsalon, den Damensalon, den Festsaal, den Speisesaal und den Kinosaal, das war alles an einem Deck. Und das konnte wunderbar in Operationssäle oder ähnliches eingeteilt werden, also für ein Lazarettschiff wie geschaffen. Dann fuhren wir nach Danzig hin und waren da als Hospitalschiff stationiert. Und die »Robert Ley« kam dort auch hin. Und so lagen wir beide bei Neufahrwasser und waren beide zwei schwimmende Hospitäler. Und blieben da eine ganze Zeit liegen.

Anfang Oktober 1939 liegen die Lazarettschiffe »Wilhelm Gustloff« und »Robert Ley« an der Westerplatte in Danzig, auf neue Einsatzbefehle wartend...

Als Lazarettschiff liegt das ehemalige KdF-Schiff »Robert Ley« im Danziger Kohlehafen.

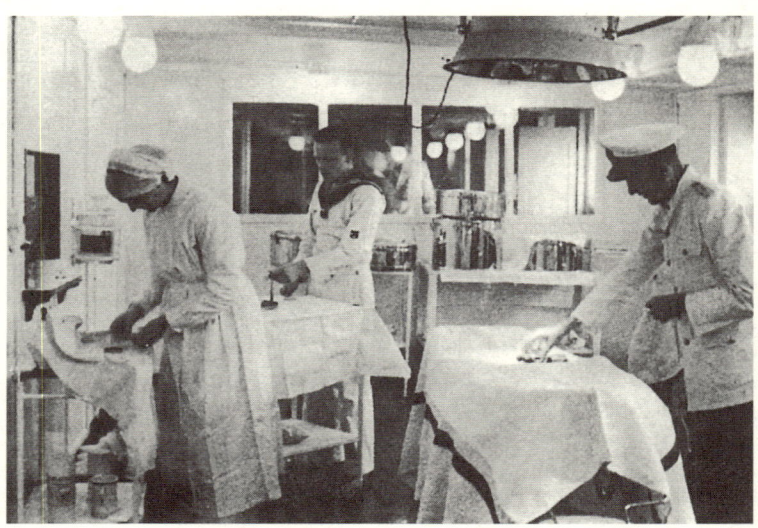

Operationsraum auf der »Wilhelm Gustloff«.

Kapitän Stephan: Eines Tages bekamen wir aber doch die Order auszulaufen. Nach Talcahuano. Es war sehr schlechtes Wetter, also Sturm und Regen. Der englische Kreuzer »Achilles« konnte sein Flugzeug nicht katapultieren, mit dem er uns hätte suchen können, nicht wahr. Also sind wir dann durch und auch in Talcahuano angekommen, wo die Flotte lag, die chilenische Flotte. Nun waren wir in Sicherheit. Und da dockten wir gleich ein und sahen dabei, wie das Schiff bewachsen war, ganz dick mit Muscheln, das kam von den zwei Jahren liegen, da im Wasser still rumzuliegen. Wir haben das dann alles gereinigt und das Schiff angestrichen.

Schließlich bekamen wir eine volle Ladung Hülsenfrüchte. Und zum festgesetzten Tag trafen wir dann auch ein Schiff. Kam als Punkt am Himmel an. Als Erkennungssignal sollten wir mit dem Schornstein drei Ringe blasen. Das kann man machen, so drei Rauchringe. Alles starrte natürlich hin. Und wir die Ringe. Der auch die Ringe. Und wie wir näher kommen und das sehen, sage ich: »Der hat doch die amerikanische Flagge, die große amerikanische Flagge am Schiffsrumpf!« Und das Schiff hieß »Dixie«. Wir kommen noch näher. Ich sage: »Das sind doch Neger an Bord. Da stimmt doch was nicht!« Die Schwarzen standen da so lässig, wie die Amerikaner eben sind, nicht wahr. Und wir kamen immer näher. Und auf einmal geht da drüben die deutsche Kriegsflagge hoch und da atmeten wir auf. Es ist einer von unseren. Es war ein deutscher Tanker, ein Tanker, der die »Scheer« mit Öl versorgt hatte. Und die Neger waren deutsche Soldaten, die hatten sich zur Tarnung schwarz angemalt und sich dann so uninteressiert an der Reling postiert.

Nun hatten wir in Talcahuano ja Früchte geladen und Gemüse. Also alles voll mit Früchten und Gemüse für den Kreuzer. Der brauchte aber nix, keine Butter, keinen Schinken oder sonstwas, denn er hatte gerade ein englisches Kühlschiff gekapert. Und ich erfuhr, daß wir mit dreihundertfünfzig englischen Kriegsgefangenen abfahren müssen. Der Kreuzer hatte versenkt, die Gefangenen auf den Tanker verbracht, und der übergab sie uns dann. Wir sollten sie nach Bordeaux bringen. Für den Fall, daß wir Feindberührung bekämen und nicht entkommen konnten, war das Schiff in Chile, bevor wir rausgingen, schon ausgerüstet worden. In den Bilgen und in der Maschine war Dynamit gelegt, und alles konnte oben von der Brücke in einem verschlossenen Schrank ausgelöst werden. Wenn wir Feindberührung gehabt hätten und nicht entkommen können, hätten wir die Gefang-

enen entlassen und in die Boote und Flöße gehen können. Und das Schiff dann in die Luft gesprengt. Na, jedenfalls fuhren wir bis einen Tag vor Biskaya. Da kam
aus der Sonne ein Flugzeug auf uns zugeflogen. Ich rannte rauf aufs Peildeck, wo wir ein Maschinengewehr aufgestellt hatten und wollte gerade losknallen, als ich die
Eisernen Kreuze an den Flügeln sah. Daß es also einer
der Unseren war. Der umkreiste uns und flog wieder
zurück. Wahrscheinlich meldete er uns in Bordeaux, daß
wir ankommen würden, denn die schickten Zerstörer
raus. Die nahmen uns dann wahr und brachten uns rein.

Kapitän Memmen: Im Indischen Ozean operierten damals unser Hilfskreuzer und ein Hilfsschiff. Und da sollten wir Leute abgeben, um die Prisen neu zu besetzen
und die anderen nach Bordeaux bringen. Das war der
Auftrag. Bis in die Nähe von den Seychellen sind wir gekommen, denn da war ein Treffpunkt vereinbart. Wir haben dem Hilfsschiff Wasser gegeben, und der hat uns Öl
gegeben. Und damit wollten wir weiterfahren. Dieses
Spiel ist aber nicht aufgegangen. Denn da kamen zwei
Schiffe, ein englischer Kreuzer und ein neuseeländischer
Kreuzer auf diesen Treffpunkt zu, der irgendwie verra-
ten worden war. Dennoch haben wir uns entschieden,
das vorher abgesprochene Manöver durchzuziehen:
Bomben zünden und unser Schiff versenken! Jeder hatte auf seiner Station das zu tun, was ihm vorher befoh-
len war. Und dann haben wir das Schiff natürlich auch
mit Petroleum angesteckt. Also vorher Benzin ausge-
kippt und das dann angesteckt. Und es brannte lichterloh. Als wir in die Boote gehen, soviel Zeit hatten wir

gerade noch, haben die uns allerdings auch schon be-
schossen. Scht..., ihre Granaten schlugen dicht vor uns
ein. Aber dann stellten sie das Feuer ein, weil sie sich
wohl sagten, deren Schiff brennt eh lichterloh. Da ist sowieso Schluß. »She's in Fire«. Haben einfach aufgehört
zu schießen. Und so sind wir dann in die Boote gegangen und haben gesehen, wie das Schiff unterging, mit
dem Heck zuerst und dann der Bug. Scht... und ab. Und
die See war ruhig. Für einen Augenblick waren wir etwas beeindruckt, aber dann haben wir drei Haras ausgegeben auf unser Deutschland und sind einfach so liegengeblieben. Sind etwas auseinandergekommen und dann
liegengeblieben bis deren Kriegsschiffe in unserer Nähe
waren. Und sind dort längsseit gefahren.
Wir kamen alle auf den englischen Kreuzer »Canberra«.
Und die Offiziere setzten sich zu uns und boten uns erst
einmal eine Flasche Bier an. Das war zu der Zeit eben
noch möglich. Und wir waren ja Handelsschiffer und
nicht von der Kriegsmarine. Na ja, so dazwischen. So das
eine und das andere.
Wir sind dann zuerst auf die Insel Mauritius gebracht
worden. Und die Bevölkerung hat uns angespuckt, wie
wir da an Land gingen. Man hatte sie wohl zum Hafen
beordert, weil die »bösen Deutschen« kamen. Die waren
verhetzt. Aber im Lager selbst sind wir anständig behandelt worden. Und haben da für ein paar Monate gesessen.
Von Mauritius ging es dann über Mombasa nach Dur-
ban. Dort sind wir von unseren aktiven Soldaten getrennt worden, die über England nach Kanada gebracht
wurden. Wogegen man uns mit dem Zug nach Pretoria

*...und haben gesehen, wie das Schiff unterging. Scht... und ab...*

rauf gefahren hat. Und etwa dreißig Kilometer entfernt
von Pretoria im Lager »Baviansport« wurden wir dann
zu Kriegsgefangenen. Von Februar 1941 bis Dezember
1946 bin ich in diesem Lager geblieben.
Morgens um sechs war Appell, dann war Frühstück. Da
blies der Trompeter wieder den Appell zum Aufstehen.
Und dann ging es so langsam los. Es war ein Brausen wie
bei den Bienen, wie vor einem Bienenkorb. Das Lager
war wirklich lebendig. Und eigentlich besuchte jeder,
weil wir so viel akademische Kräfte im Lager hatten, irgendeine Schule oder irgendeinen Kursus. Da waren soundsoviel Professoren, auch Deutsche, die an der
Universität Stellenbroich tätig gewesen waren. Die
konnten natürlich viel vermitteln, sehr viel vermitteln.
Jeden Abend nach dem Abendbrot war eigentlich etwas

los, es gab viel Unterhaltung, Konzerte, ein Vortrag, es wurde Theater gespielt. Wir hatten eine kleine Theaterhalle. Mit Papier und Pappe und diesem Blech von den Dosen wurden richtig prächtige Kostüme hergestellt. Und man fragte sich immer: »Woher haben sie denn das?« Um zehn Uhr war »Rollcall«. Dann blies wieder ein Trompeter. Hübsch, das hörte sich schön an. Jeden Abend. Dann hieß es: Licht aus. Und die Leute, die Karten spielten, hatten schon um halb zehn Schluß gemacht, die Fenster alle noch mal geöffnet, damit frische Luft reinkam. Wir schliefen in unserer Baracke mit achtundzwanzig Mann.

Jeden Sonntag war Gottesdienst. Und bei dieser Gelegenheit wurde natürlich auch der Gefallenen gedacht. Es sprach immer ein anderer. Am Schluß haben wir dann zwei Lieder dazu gesungen, das Deutschlandlied und das Horst-Wessel-Lied. Jeden Sonntag.


Segelmacher Frackowiak: Als ich nun in Gotenhafen war, kam eines Tages der Kompaniechef, Oberleutnant Sowieso, ich weiß nicht mehr, wer das war. Sie suchten Prisenoffiziere. Wer kennt den Atlantik? Wer kennt den Indischen Ozean? Wir standen da mit sieben Steuermannsmaaten, glaub ich, und waren natürlich froh, daß wir da rauskamen. Und dann sind wir da rumgefahren, nach dem Indischen Ozean, weil wir ja nun die Position kannten, die sie ansteuern mußten, den Punkt, den jedes Schiff ansteuern muß, um nach Indien zu kommen. Da haben wir uns in der Nähe auf die Lauer gelegt und haben dann ein Schiff nach dem anderen geknackt, nicht? Da sind wir mal an einen allein rangeschlichen, und es

*...und haben dann ein Schiff nach dem anderen geknackt...*

sah aus wie ein Schlachtschiff. Dabei war es ein tiefliegendes Schiff voll Benzin. Und der Alte gleich eine Salve. O Gott, o Gott, der ganze Ozean, soweit man gucken konnte, der brannte. Das lief da alles raus, und von dem Schiff haben wir zwei gerettet. Und zwar habe ich das von der Brücke aus gesehen. Da war ein Rettungsboot, das brannte halb. Und da haben sich die beiden dran festgehalten. Ich dem Alten das gesagt, da haben sie das Fallreep runtergelassen und die beiden raufgeholt. Das waren zwei Deutsche. Die für den Engländer oder für den Amerikaner gearbeitet haben, weiß ich auch nicht mehr, und die anderen sind alle weg. Man konnte sehen, wie die über Bord ins Feuer sprangen. Ich mochte da gar nicht mehr hingucken.

Heizer Dr. Helbig: Als Japan in den Krieg eintrat und der Überfall auf Indonesien stattfand, war ich natürlich der geeignete Mann, um die Offiziere aufzuklären. Wohin kommen denn die Japaner eigentlich und was wollen die eigentlich, was ist denn Indonesien? Und was bedeutet dieses ganze Südostasien? Und da ich nicht uniformfähig war, ich kann diesen Arm nicht rechts, nicht nach hinten und nicht in die Höhe bringen, wurde ich zum Zivildienst eingesetzt. Und einer davon war die Wehrbetreuung, von der spanischen Grenze bis nach Mittelnorwegen hinauf.

Zum Schluß war ich noch in der Sowjetunion, in der Nähe vom Ilmensee, bis schon Stalingrad vorbei war und der Rückzug in Rußland schon vor sich ging. Ich habe dabei die schrecklichsten Sachen gesehen, die man so sehen kann. Wie beispielsweise diese kleinen Panjewägelchen von den russischen Flüchtlingen, mit ihren durchnäßten Betten obendrauf und hinten einer Ziege drangebunden, von den zurückkommenden deutschen Panzern einfach überrollt wurden und fertig.

Koch Rauch: Von Lüneburg aus wurden wir zusammengestellt als Küstenartillerie nach Leningrad. Und da hätten wir uns wahrscheinlich mit den Russen unterhalten können. Ich meine, nicht wahrscheinlich, sondern wir hätten uns bestimmt unterhalten können. Das haben wir natürlich nicht getan. Aber der Abstand betrug gerade mal vierzig Meter. Und nachher – inzwischen war ich Unteroffizier – wurde ich vorgeschobener Beobachter und so blablabla.

Und dann war die Sache... – aber das war eine schlechte Zeit, nicht. Ich wollte nicht überlaufen, das wäre zu gefährlich gewesen, weil die von hinten geschossen hätten. Aber ich war nie ein sehr Tapferer. Immer wenn die, ...ich roch es schon, wenn die zu schießen anfingen. Da war ich plötzlich weg, da war ich aber an der tiefsten Stelle, da habe ich mich vergraben.

Zimmermann Wolff: Nun sollten wir eine Bergungsgruppe bilden. Das war am Dnjepr, am Schwarzen Meer, da waren Schiffe versenkt worden, nur die Bodenventile aufgedreht, und schon waren sie abgesoffen. Und wir brauchten doch Land, die Ukraine war doch das Land, wo Milch und Honig fließt. Konnten aber nicht die Eisenbahn benutzen, war ja überall Militär. Nun sollte das eben auf dem Wasserweg passieren. Nikolajew, Odessa und die Donau rauf bis Wien. Das war der Plan. Aber wir waren mitten im Partisanengebiet. Und wenn wir am Tage Leute gesehen haben, dann haben die gleich geschossen, mit Maschinenpistolen. Wir saßen ja unten im Schlepper, da konnten sie nichts machen. Im Ruderhaus hatten wir Material, solche Kisten, große und hohe Kisten, die voll mit Nägeln und mit Schrauben und allem möglichen waren. Die haben wir rund ums Ruderhaus verstaut, in zwei Schichten. Das war so dick, da ging kein Geschoß mehr durch. Und so haben wir den ganzen Tag im Ruderhaus gesessen.
Drei Tage vor Weihnachten stand ich zu Hause vor der Tür. Ich klingelte nachts, die Große hat das gehört und meine Frau wachgemacht: »Es klingelt, Mutti, Mutti!« Ist meine Frau an die Tür und hat gefragt: »Wer ist da?« – »Ich bin's!« hab ich gesagt. Und da ist sie umgeknickt, richtig ohnmächtig geworden, vor Schreck. Weil sie keine Post bekommen hat, hatte alles wieder zurückgekriegt. Dann machte sie mit meiner Großen die Tür auf.

Da stand ich, mit so einem langen Bart, häßlich wie die Nacht sah ich aus. Am Abend vorher hatte meine Frau Kuchen gebacken, sie hatte kein Mehl und nix, hat sie Grieß genommen und sich gefreut, daß er so hoch war. Marzipan hat sie aus Puderzucker gemacht; und damit die Kinder das nicht sahen, war sie so spät ins Bett gegangen. Und nun stand ich vor der Tür.
Ich bin ein paar Tage geblieben und dann wieder weggefahren.

Ingenieur Goering: Ich war gerade in Bayreuth gewesen. Bayreuth, ja, Sie hören recht. Da waren in Gotenhafen einige Karten zu den Bayreuther Festspielen verlost worden. Ich hatte eine bekommen, bin also nach Bayreuth gefahren und habe da die Meistersinger von Nürnberg gesehen. Wir waren aus Gotenhafen ungefähr mit sechs Personen dort. Dann kamen wir wieder zurück, und auf dem Bahnhof in Gotenhafen traf ich welche von Bord. »Herr Goering, Herr Goering, haben Sie gehört?« Ich sag: »Was? Hamburg? Bomben auf Hamburg?« Es gab ja keine telefonische Verbindung mehr mit Hamburg.

# RÜCKZUG

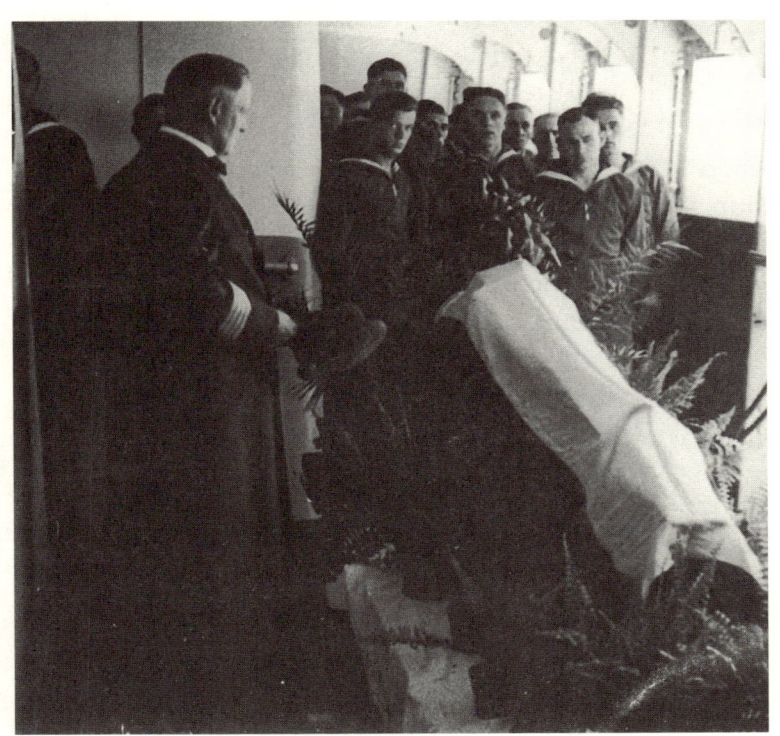

Ingenieur Goering: Schon vor Bergedorf kamen uns die Flüchtlinge entgegen. Güterwaggons aus Hamburg, voll beladen mit Flüchtlingen, die im Nachthemd oder nur halb bekleidet waren. Und wenn wir so einen Zug auf der Strecke trafen, stürzte ich raus und fragte: »Kommen Sie aus Altona? Kommen Sie aus Altona?« Wo Altonaer waren, kannte ich keine. Jedenfalls fand ich keinen Menschen, mit dem ich über unsere Gegend sprechen konnte. Und keiner konnte mir sagen, was denn nun los war. Es war doch furchtbar, in Hamm und in Horn die Häuser zu sehen, die ausbrannten. Man sah die verkohlten Ruinen, und sie glühten noch. Alles schwarz über Hamburg. Es war ganz fürchterlich, ganz grauenhaft! Und da hab ich mir gesagt… und es fand innerlich in mir eine Wandlung statt. Sag ich: »Wer den Krieg jetzt noch weiterführt, von uns aus, der ist ein Verbrecher!« Am nächsten Tag bin ich unverrichteter Dinge wieder nach Gotenhafen zurückgefahren. Aber nach zwei, drei Tagen bekam ich endlich Nachricht von meiner Familie: »Wir sind in Pinneberg, in Quellental untergekommen, bei der Familie Soundso!« Nun war ich glücklich und selig. Meine Familie war raus aus dem Bombenkrieg und gerettet.

Kapitän von Essen: In Saloniki merkte man schon den großen Rückzug aus dem Süden. Und statt der achthundert haben wir zweitausend Verwundete an Bord genommen. Was für uns von der seemännischen Seite natürlich sehr viel verlangt hat. Das Promenadendeck wurde raufgestaut und die Tragbahren, auf denen die Verwundeten lagen, waren zugleich deren Betten. Eine

*...man sah die verkohlten Ruinen, und sie glühten noch...*

Ecke haben wir für die paar Ärzte an Bord ausgespart. Am zweiten Tag auf See haben wir vierundzwanzig Tote über Bord geworfen. Das waren die Leute, die diesen großen Rückzug aus Saloniki von da unten schon mitgemacht hatten. »Oh, ein Lazarettschiff, jetzt sind wir gerettet!« Und dann haben sie sich hingelegt und sind gestorben.

Kapitän Stephan: Und dann kam die Zeit, wo sie U-Boot-Leute brauchten. Ich wurde abkommandiert und habe erst mal die ganzen U-Boot-Kurse mitgemacht. Wir fuhren immer morgens raus und übten draußen Tauchen und was weiß ich noch alles. Wir blieben solange in Pillau, bis wir den Kanonendonner von den Russen schon hörten. Und bekamen dann die Order,

*...und dann kam die Zeit, wo sie U-Boot-Leute brauchten...*

nach Wilhelmshaven zu verlegen. Da gab es Offiziere, die wollten unbedingt weiterkämpfen und was weiß ich was. Und ich dachte mir: »Wenn wir auslaufen, sind wir unsere eigenen Herren und können machen, was wir wollen. Nicht diese blödsinnigen Geschichten, die die noch im Kopf haben«. Wir sind also ausgelaufen. Tags tauchten wir, nachts kamen wir rauf, zwischendurch hörten wir Nachrichten. Da wurde dann gesagt, U-Boote, die da liegen nach Norwegen, U-Boote die da liegen nach England usw. Ich hab mich gar nicht darum gekümmert, wo wir lagen. Ich bin nach Kampen gegangen, Insel Sylt. Da sind wir eingelaufen und haben uns vor Anker gelegt. Mai 45. Lagen da acht Tage, ohne daß uns jemand etwas tat. Und wir haben diese acht Tage ausgenutzt, den Proviantraum zu öffnen. Wir konnten also essen und trinken, was wir wollten und versorgten auch die Marinehelferinnen, die da hungerten und nichts zu essen hatten. Eines Tages sahen wir schon von weitem drei Leute kommen. Einen englischen Offizier und zwei deutsche Offiziere. Der Engländer befahl uns, das Boot nach England zu bringen. »Allright« haben wir gesagt, sind nachts ausgelaufen und haben das Boot abpuddeln lassen. Fischer haben uns dann aufgepickt, und wie wir in den Hafen reinkamen, standen die Engländer schon bereit und haben uns festgenommen.

Heizer Dr. Helbig: Im Sommer war der Luftangriff auf Hamburg. Da sah ich von meinem Wochenendhaus aus eine Riesenwolke von Hamburg herüberziehen. Und einige Stunden später kamen schon die ersten Flüchtlinge auf der Landstraße vorbei. »Du mußt so schnell wie

*...und da war der Krieg wirklich vorbei...*

möglich sehen, daß du nach der Bleickenallee kommst, und gucken, ob unser Haus noch steht«, habe ich mir gedacht. Über die Harburger Brücken konnte ich noch mit dem Fahrrad rüber, aber am Hauptbahnhof fing es schon an, daß die Straßen voller Trümmer lagen. Ich mußte also mein Rad schieben, denn im Handumdrehen hatte ich es plattgefahren. Und an der Ecke seh ich, Gott sei Dank, die Bleickenallee steht. Die Fenster hingen natürlich draußen, und die Türen waren zerrissen, aber die Wohnung stand.

Ingenieur Goering: Das war furchtbar, Menschen, Flüchtlinge, Frauen und Kinder, die waren schon Tage vorher gekommen. An Bord hatten die nachher, glaub ich, keine Kontrolle mehr darüber, wie viele das waren, sechstausend oder siebentausend Menschen mußten das gewesen sein. Ich hab noch einen Rundgang gemacht und sah, wie sie in den Kammern lagen, in den Gängen und in den Sälen, wo sonst getanzt wurde. Im Speisesaal lagen Matratzen auf dem Fußboden. Und darauf die ganzen Leute. Und dann fuhren wir los, aber alleine, nicht im Geleit. Warum, kann ich nicht sagen. Hatte die Leitung oben wohl so beschlossen. Also die »Gustloff« fuhr jedenfalls alleine. Und ein kleiner Sperrbrecher, ich glaube »Löwe« hieß der, fuhr uns vorweg. Der war ein Minensuchboot. Der sollte Minen auffischen, wenn da welche waren. Und der konnte nur zwölf Meilen fahren, und wir tuckelten so hinterher. Einige schrieben hinterher in Büchern, »Gustloff« konnte nicht mehr fahren, weil die Maschinenanlage nicht mehr in Ordnung war. Aber die war völlig intakt. Wir fuhren einfach deshalb so

*...an Bord hatten die nachher, glaub ich, keine Kontrolle mehr darüber, wie viele das waren...*

langsam, weil dieser kleine Pott vor uns nur zwölf Meilen machen konnte. So um neun Uhr abends lag ich in meiner Kammer, hatte die Schuhe ausgezogen, Schwimmgürtel klargelegt auf'n Tisch, Taschenlampe klargelegt. Man muß, wenn man sich in einer solchen Lage befindet, sich eine innere Einstellung verschaffen: »Was tust du, wenn...« Da kam die erste Detonation. Und da zuckte ich hoch: Mine! Das war der erste Gedanke. Die Schuhe an und sofort rein in die Maschine. Dann kam die zweite Detonation. Ich denk: »Das ist keine Mine«. Und es folgte noch eine dritte. Im Maschinenraum war es schwarz, nichts zu sehen, nur das gurgelnde Wasser, das von außen in die Maschine eindrang. Da bin ich automatisch zum Seitenausgang gegangen, nach der Steuerbordseite zum oberen Promenadendeck. Nicht nach backbord, denn das Schiff neigte sich ja schon nach backbord hin, von da waren ja die Torpedos gekommen. Und der dritte Torpedo war mitten in den Maschinenraum reingeknallt. Der Diesel stand sofort still, und alles war ruhig. An Deck sah ich da einen Menschen in blauer Uniform mit drei weißen Silberstreifen, das war der Oberzahlmeister Peter Martin Jensen, ich glaube, er war aus Föhr. Und der war als einziger auf der Steuerbordseite dabei, eine Strickleiter fertig zu machen und die Schwimmflöße klarzumachen, um sie über Bord zu werfen. Es war ein bißchen schwierig, aber ich hab ihm geholfen. Und da haben wir beide, ganz allein an der Steuerbordseite, ein Schwimmfloß nach dem anderen über Bord geworfen. Bis alle über Bord waren. Das will ich mal erzählen, zu Ehren von Peter Martin Jensen, der als Oberzahlmeister damit angefangen hatte.

*...das Schiffsdeck ging hoch und neigt sich weiter...*

Alles andere war auf der Backbordseite oder in den Räumen. Die Tausende Menschen. Die dachten, sie würden irgendwie noch gerettet werden. Gab's keine Rettung mehr.

Im Gemeinschaftsraum hinten waren noch ungefähr zwanzig, dreißig Marinehelferinnen. Ich sag: »Mädels, raus, raus, raus!« Die schockten auf, und das Schiff neigte sich schon weiter so rüber. Die vorne runter, ich achtern an Deck. Und dann ist da die Reling. Ich hab die Reling angefaßt, bin auf der Reling rübergekrabbelt. Und die Marinehelferinnen hielten sich da fest. Ich hab's noch versucht, aber die rutschten wieder runter. Das Schiffsdeck ging hoch und neigte sich weiter rüber, nach hinten. Dann bin ich auf der Außenhaut noch weiter gekrabbelt, und nachher war das Schiff unten, Schornsteine und Masten waren unten, und ich stand oben auf der Kielplatte. Das ist die letzte Platte des Schiffsplattengangs, die Kielplatte. Und nun sackte das Schiff langsam runter, vorne weg. Kentern konnte es ja nicht mehr, es war ja schon ganz rum. Sackte nur langsam weg, langsam weiter. Und da sah ich an Bord noch einen halben Meter nach, dann habe ich meine Schuhe ausgezogen, habe noch einmal meine Hände gefaltet, zum Himmel geguckt, und da war das soweit, daß die nächste Woge wohl übers Schiff kam. Da hab ich mich nur abgestoßen vom Schiff und bin geschwommen. Kein Sog war da, brauchte keinen Kopfsprung und nichts. Einfach geschwommen.

Am 30. Januar abends ungefähr um zehn Uhr fünfundvierzig, in eiskalter See. Die Uniform an und noch eine Khakijacke übergezogen, das muß man, wenn man ins kalte Wasser geht. Und bin dann geschwommen. Und da hatte ich ein Gefühl, wie das kalte Wasser an meinen Hals kam, als wenn da ein Messer schneidet. Und dann bin ich geschwommen, ich weiß nicht, dreißig, vierzig Meter. Und plötzlich kriegte ich eines von diesen, ich nenne sie immer Schwimmflöße, zu fassen, die Peter Martin Jensen und ich, die wir beide über Bord geworfen hatten. Und damit vielen Menschen die Möglichkeit verschafft haben, sich eventuell noch zu retten. Und auf dieses Schwimmfloß bin ich nun auch rauf, da war noch ein Platz. Klimmzug, oben saß ich. Rundherum auf diesen Bohlen saßen schon Leute, es war beengt und gedrängt. Dann sah ich da noch Arme aus dem Wasser kommen, die hielt ich fest. Die hielten sich an mir fest,

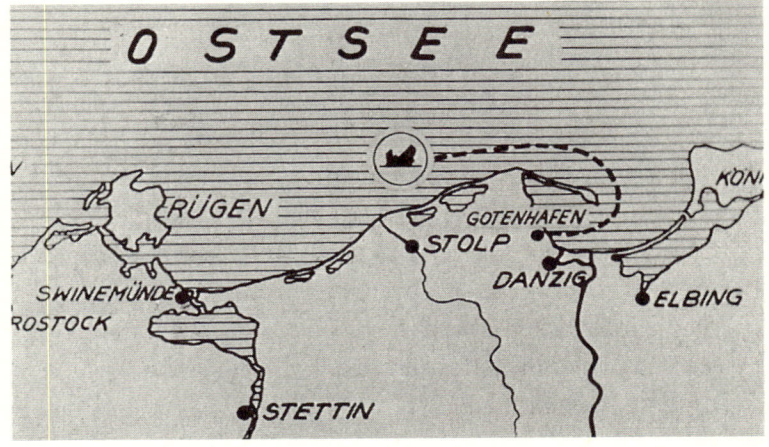

Um 21 Uhr 16 befindet sich die »Gustloff« auf der Höhe von
Stolpmünde, als drei sowjetische Torpedos den Schiffsrumpf treffen.

die Köpfe waren unterm Wasser, nur die Arme ragten
raus. Und rutschten weg, vor unseren Augen weg.
Furchtbar!

So saßen wir da. Ungefähr zehn Meter vor uns war ein
Marinekutter, also eins von den anderen Booten, voll
von Flüchtlingen, voll von Menschen. Wir hatten nun
ein bißchen Seegang, und auf einmal kentert der auch
noch. Und das Boot kieloben, und alle ins Wasser. Die
hielten sich rundherum an den Haltetauen fest und schri-
en natürlich. Und da trieb wieder so ein kleines Floß von
denen vorbei, die wir, Peter Martin Jensen und ich, über
Bord geworfen hatten. Trieb da längs, mutterseelen-
allein. Da bin ich ins Wasser gesprungen und auf das
Ding rauf.

Da saß ich ganz für mich. Und hab mit den Händen gepaddelt, so gepaddelt und so gepaddelt, ich wußte ja gar

150

nicht wohin. Und dann sah ich vor mir einen Schatten. »Oh«, denk ich, »das ist ja ein Schiff, da mußt du hin, das ist ja ein Schiff« und bin dahin weitergepaddelt. Da war ein kleines Podest, da stand ein Mann drauf. Also, ich hab es geschafft, trotz Seegang mit den Händen immer noch wieder gepaddelt, immer noch weiter hin, bis ich dahin kam, wo das Podest vom Fallreep war. Da stand ein Matrose drauf. »Spring!« sagt der. Und gerade, wie eine Welle hochkam, springe ich, und er kriegt mich zu fassen. Da war ich an Bord von T 36! Dank dieses Schwimmfloßes, das wir, vielleicht ich selbst, über Bord geworfen hatten.

Segelmacher Frackowiak: Und da kriegten wir die Order, uns vor der Greifswalder Oie zusammenzuschließen und dann nach Dänemark zu gehen.

Ingenieur Goering: Eines Morgens, da wurde geschossen. Es war die Flak, die ballerte. Und ich horchte immer, hörte aber keine Flugzeuge und kein Motorengeräusch. Ich denke, was ist bloß los? Und krieche langsam durch den Gang, um an Deck zu kommen. Und da schossen die. »Ja, Mensch, Goering, komm raus, der Krieg ist zu Ende!« rief mir einer entgegen. Und ich frag: »Was?« – »Ja, die Flak, die verballert ihre Munition, der Krieg ist vorbei!«

Kapitän Stephan: Mich haben die Engländer da auf Sylt abgesondert und zusammen mit den Werwölfen in eine Kaserne gesteckt. Werwölfe waren so junge Leute, die wie die Japaner Kamikaze machten. Die alles machten,

es war ihnen ganz egal. Und mit diesen Werwölfen wurden wir dann zum Hindenburgdamm getrieben. In militärischer Ordnung stellten die sich auf, von selbst. Jeder hatte einen Knüppel. Dann marschierten sie los und sangen Hitler-Lieder. Und wir umgeben von englischen Tanks mit Maschinengewehren. Und ich dazwischen!
Man verlud uns in Eisenbahnwaggons, und wir kamen über den Hindenburgdamm aufs Festland bis nach Heide. In Heide wurde ich rausgeholt, von einem englischen Kapitänsleutnant. Ich habe das Gefühl gehabt, er war jüdisch, aber er war sehr nett. Der verhörte mich. Und dann wurde ich in eine Zelle gesteckt. Da hab ich mich bei dem Kapitänsleutnant, beim englischen, gemeldet. Ich spreche Englisch und habe dagegen protestiert. Ich sage: »Wie kommt das, ich bin kein Kriegsverbrecher!« Und jeden Morgen, wenn er beim Frühstück saß, ließ ich mich melden und habe ihn getestet. Ich sag: »Die Pritsche ist zu hart!« Nächsten Tag: »Die Suppe schmeckt nicht, da ist so'n Nelkenöl dazwischen. Die kann ich nicht essen!« Er sagt: »Du hör auf, wir essen dieselbe Suppe. Wir haben auch keine andere Suppe. Und du hast den Krieg mit deinen Knochen gut überlebt, nicht wahr? Nu quak nicht immer!« Und dann eines Tages ließ er mich kommen. Wie ich in die Tür reinkomme, sagt er: »You go home fishing!« Ich sag: »I'm not a fisher, I'm a Sir!« – »You go home fishing!« sagt er, »wenn ich dich sehe, dann schmeckt mir mein Frühstück nicht!« Und da fiel der Groschen. Der war mir so wohlgesonnen, daß er Order bekam, Fischerleute zu entlassen.

Ingenieur Goering: »Ist wer von der Kriegsmarine da? Die kommen mit! Und wer war bei der Handelsmarine, Merchant Navy? Die bleiben hier.« Blieben wir stehen, auf der Seite. Und nach zwanzig Minuten kam der Engländer wieder und sagt: »Komm mit, sag den anderen Bescheid, und alle runter ins Boot!« Sag ich: »Ja, und wohin?« – »Egal«, sagt er »wir fahren, und ihr kommt mit!« Wir alle runter ins Boot, und dann schipperte uns der Engländer mit dem Boot zur Pier beim Kieler Bahnhof. Und dort sagt er : »Go home!«

Segelmacher Frackowiak: Und dann wurde aufgerufen. Wer da wohnt und da wohnt. Es wurde ein Auto zur Verfügung gestellt. Aber die Hamburger könnten nach Bad Oldesloe laufen, es war ja dicht bei, und dann mit dem Zug nach Hause fahren. Das war leicht gesagt. Nun kommen wir also nach Oldesloe hin und sehen, wie die Menschen um die Züge wie die Weintrauben hängen, die ganzen Landser, die zurückgekommen waren.

Ingenieur Goering: Dann kamen wir am nächsten Tag nach Bad Bramstedt, an eine Schranke. Dort wurden wir wieder von Engländern empfangen. Und ich sehe zum ersten Mal neben der französischen auch wieder die russische Flagge. Ich denk: »Ach, bloß nicht zu den Russen, lieber zu den Engländern!« Und sprach wieder mit denen. »Take a seat here«, sagten die. Wir sollten uns auf den Kantstein setzen. Es kamen Lastwagen mit Anhängern. Wir alle rauf auf den Anhänger oder auf den Lastwagen, und dann fuhr er los. Ich denk: »Nu hoffentlich nicht in die Gefangenschaft!« Dann fragten wir den

Fahrer durch das kleine Fenster: »Wohin?« – »Ja, nach Eimsbüttel zur Christuskirche, da könnt ihr alle aussteigen!« Hat der uns von Bad Bramstedt zur Christuskirche in Eimsbüttel gefahren! Und da war der Krieg wirklich vorbei. Da war ich wieder in der Heimat. Heimat Hamburg.

# ABGEMUSTERT

Heizer Dr. Helbig: Die Alliierten hatten nach dem Zweiten Weltkrieg jegliche Handelsschiffahrt verboten. Später wurde sie bis zu eintausendfünfhundert Tonnen wieder gestattet, aber nur, wenn Kohle verfeuert wurde.

Kapitän von Essen: Und durch Beziehungen konnte ich als Hilfstaljenmann im Hamburger Hafen anfangen. Also mußte ich jeden Morgen um fünf oder halb sechs im Freihafen sein, ob da Jobs waren.

Kapitän Stephan: Ich war kaum acht Tage zu Hause, da hörte ich, daß der hafenärztliche Dienst Kapitäne suchte, mit A6 – als Inspektoren für den Hafen, also für den hafenärztlichen Dienst. Der hafenärztliche Dienst ist eine Einrichtung, die für die Hygiene im Hafen zu sorgen hat.

Koch Rauch: Wo früher das Amerika-Haus war, Ecke Lombardsbrücke und Ballindamm, war so ein Rondellhaus, da hatten diese Engländer ihr Arbeitsamt. Und da habe ich als Koch angefangen, beim Militärgouverneur in diesem Rondell. Und durfte ihm auch nachmittags den Tee bringen. Und machte alles per Auto, die Polizei mußte mich fahren. Ja, das war gewaltig.

Kapitän Memmen: Mit der »Winchester Castle« sind wir nach Hause gefahren. Hand am Koffer standen wir ja immer bereit mitzufahren. Das waren die Schiffe der Castle-Linie, die auch nach Süd-Afrika fuhren. Und da wir mit unserem Zeug an Bord kamen und behandelt wurden wie Dritter-Klasse-Passagiere, konnten wir auch einkaufen. Und wer ein bißchen Geld hatte, der konnte sich eindecken mit allem, was er benötigte. Auch mit Zigaretten. Und mit einer Schachtel Zigaretten war damals viel zu tun.

In Hamburg konnten wir uns einen kleinen Bus chartern, Gepäckleute auf der Bahn hatten uns das vermittelt. Und diese Gepäckträger haben uns dann nach Bremen, nach Bremerhaven geschafft, wo wir mit Freuden empfangen wurden. Sind mit dem Auto vorgefahren. Ich kam, Hut auf, Mantel über dem Arm, und die Gepäckträger vom Hamburger Hauptbahnhof trugen mein Zeug in die Wohnung, erste Etage. Und die Leute guckten links und rechts aus den Fenstern: Was ist denn das da? So bin ich also verhältnismäßig gut nach Hause gekommen. Aber dann hatten wir nur eine Wohnung von vierzehn Quadratmetern. Da lebte meine Frau mit den Kindern und einer Tante den ganzen Tag. Und nun kam ich noch dazu, als fünfte Person.

Heizer Dr. Helbig: Vor allen Dingen, das darf ich vielleicht erwähnen, hatten wir von unseren Wochenendplätzen bei Buchholz den Vorteil, die durchkommenden Kohlenzüge, die für Dänemark bestimmt waren und die in Buchholz neue Lokomotiven bekamen und dann einige Stunden standen, ziemlich rigoros ausrauben zu können. Einschließlich dem Herrn Pastor und wahrscheinlich auch den Angehörigen der Polizei.

Ingenieur Goering: Ich bin ja von der »Royal Force« zu der Reparaturfirma »Böttcher und Gröning« im Hafen

*...hatten wir den Vorteil, die durchkommenden Kohlenzüge ziemlich rigoros ausrauben zu können...*

gegangen. Schiffs- und Maschinenreparatur »Böttcher und Gröning«.

Und hab da am Schraubstock angefangen, schließlich konnte ich mit den Maschinen umgehen. Und einige Male kriegte ich auch zwei, drei Männer mit und arbeitete auf einem Schiff, auf einem Engländer oder anderswo, manchmal bei Tag und bei Nacht. Und bekam als Währung englische Zigaretten. Die konnten wir uns dann am Jungfernstieg abholen, da war ein Büro, oder am Ballindamm, irgendwo in der Stadt.

Also hatten wir eine gute Währung und wohnten in unserem Behelfshäuschen. Und zusätzlich habe ich in Hamburg so kleine Holzkinderstuben für die Puppen gekauft, wie sie die Engländer gerne haben wollten. Die haben sie mitgenommen. Und dafür hab ich wieder Zigaretten bekommen. Habe also ein bißchen Tausch-

Hamburg war und blieb in der britischen Besatzungszone einer der
Hauptumschlagplätze für heiße Ware.

geschäfte gemacht, um uns über Wasser zu halten. Und dadurch, daß ich dort bei der Reparaturfirma arbeitete, bekam ich auch eine Schwerarbeiterkarte und etwas mehr zu essen, zu beißen für die Kinder.

Kapitän Stephan: Jetzt fingen wir an, auch die Fischdampfer immer sehr zu schätzen. Kam einer rein und wir hatten Dienst, bin ich nachts um zwei an Bord geklettert und hab nachgefragt. Und jeder Fischdampferkapitän hatte immer etwas für den Hafenarzt, – wir wurden Hafenarzt genannt. Das waren immer der Schipper von der Barkasse und ich, der Inspektor, die einen ganz großen Korb mit Fischen bekamen. Die schönsten Fische.

Zimmermann Wolff: Die Krabbenkutter kriegten als erstes die Erlaubnis, wieder fahren zu dürfen. Wegen der Versorgung der Bevölkerung, das hat der Ami ja erlaubt. Die wollten doch das deutsche Volk nicht verhungern lassen, und so waren auch größere Kutter mit dabei. Und für die brauchten sie uns. Und Kapitäne, die gefischt haben, die haben doch nicht alles abgeliefert. Ein Kapitän hatte fünf oder zehn Fässer, der Steuermann hatte acht Fässer, und die Matrosen fünf Fässer, die wurden alle an die Seite gestellt. Und die mußten, bevor sie auf die Werft reingingen, verschwunden sein. Und so sind wir mit unserem Kutter bis Hohweg rausgefahren, haben diese Heringe an Bord genommen, und die Schiffe nach Nordenham, wo die beheimatet waren, hingefahren. Wo auch schon ein Auto bereitstand und die Heringe auflud. Für jede zehn Faß kriegten wir zwei Faß für uns.

Eigentlich ging es halbe-halbe. Die Heringe haben wir dann verscheuert. Heringe kann jeder brauchen. Und Tran. Eine Buddel Tran – einhundert Mark oder 'ne Stange Zigaretten gab es dafür. Ich hab aus Tran Berliner gebacken, Sauerkohl mit Tran gekocht, alles, ich hab auch aus Tran Schmalz gemacht.

Heizer Dr. Helbig: Gerade einer der Bauern, bei dem wir manchmal etwas tauschen konnten, sagte eines Tages: »Nun fehlt uns nur noch das Tafelsilber!« Alles andere hatten sie eingetauscht.

Koch Rauch: Vor der Haustür war also die Reeperbahn. Hier war Heckel, und hier war Hamburger Berg. Das war die Zone des Schwarzmarktes. Und ich war ein König davon, weil ich diese Kneipe hatte. Dieses Lokal.

*...hier war Heckel, und hier war Hamburger Berg. Das war die Zone des Schwarzmarktes...*

161

Und draußen standen sie nun alle: zum Teil waren sie aus dem KZ entlassen worden. Die meisten standen bei uns vor der Tür. Ich war also das Headquarter. Bei mir saßen sie drin, wenn die Polizei kam und sie rechtzeitig Bescheid bekommen hatten. Und draußen haben sie aufgekauft, Brillanten und so.

Heizer Dr. Helbig: Und dann, Ende Juni 1948 kam die Währungsreform.

Koch Rauch: Ja, die Währungsreform. Es war auf einen Sonntag. Am Montag fiel der Vorhang. Die hatten über Nacht alles eingeräumt. Und hatten alles, wie im tiefsten Frieden. Aus dem Keller rausgeholt und reingestellt. Es gab also alles. Der Bäcker hatte wieder weißes Mehl. Sie hatten es ja über Nacht nicht kaufen können, nicht. Es wurde wieder in Butter gebraten, es gab also alles. Es war sofort alles da. Wohin sie auch immer guckten. Jeder Schneider hatte den Stoff, und sie hatten Garn, sie hatten einfach alles, was es gab. Und ich hatte natürlich auch gute Ware im Keller.

# Wieder an Bord

Heizer Dr. Helbig: Das wichtigste war eigentlich, nach dem Krieg sofort wieder als Heizer zu fahren, weil wir noch nicht forschen durften und keine Expeditionen machen konnten. Denn ich mußte raus, irgendwie raus. Es waren nun sechs Jahre drüber hingegangen. Und dann habe ich sehr schnell das englische Permit bekommen, daß ich wieder fahren durfte. So hab ich wieder als Heizer angefangen.

Kapitän von Essen: Da bin ich dann zum Kapitän befördert worden. Und habe die ersten Englandreisen gemacht, habe Schrott gefahren zwischen Kiel und der Ostküste von England. Also nach London selbst nicht. Aber von da aus und dann meistens so Firth of Forth. Wir machten ungefähr alle vierzehn Tage eine Reise. Mit Schrott rüber und dann leer zurück.

Heizer Dr. Helbig: Anfangs gab es noch sehr wenig Schiffe. Die meisten waren eben versenkt worden oder mußten abgeliefert werden. Neubauten waren nicht hinzugekommen, und so griffen die Reeder auf die versenkten Schiffe zurück, die irgendwo, nicht zu tief, lagen, um gehoben zu werden und auch noch durch Taucher als hebungswürdig festgestellt waren. Dazu gehörte unter anderem diese »Klara Blumenfeld«, die zwischen Travemünde und Neustadt durch einen Bombentreffer in das Vorschiff versenkt worden war. Das war in den letzten Kriegstagen. Und die ist regelrecht gehoben worden. Das zerbombte Vorschiff wurde abgeschnitten und ein neues Vorschiff vorgeschweißt. Das Achterschiff mit Maschine und Kesselräumen blieb also das alte. So daß wir sagen konnten, hier sind vor ein paar Wochen noch die Fische geschwommen, zwischen den Kesseln und den Maschinen. Das war so geblieben. Man konnte genau sehen, wo es angeschweißt war, und alles funktonierte auch ganz gut. Es gab eine ganze Reihe von Schiffen, die so wieder zusammengeflickt wurden.

*...und so griffen die Reeder auf die versenkten Schiffe zurück...*

Kapitän von Essen: Die »Monika« hatte vierhundert-fünfzig Tonnen, ein kleines Motorschiff, süße kleine »Monika«. Meine Frau freute sich auch immer, sie ist gern mit der »Monika« mitgewesen. Die haben wir dann bei Fenner aufgefixt, das kam in die Zeit hinein, wo ich mit meiner Frau zusammen war. Damals waren wir noch nicht verheiratet. Und ich sag: »Nun will ich dir sagen, wenn du dich für die Seefahrt nicht interessierst, dann wird das mit uns nix!«

Kapitän Memmen: Also, ich war mit meiner Frau unterwegs, hatte mit meiner Frau einen Spaziergang gemacht. Wie wir nach Hause kommen, sagt die Tante meiner Frau, die bei uns in einem kleinen Zimmer wohnte: »Hier ist ein Brief vom Niedersächsischen Verwaltungsbezirk Oldenburg angekommen, da ist dein Schicksal drin!« Ich sage: »Was heißt hier Schicksal, was kann da schon passieren?« Ich mache den Brief auf und finde darin meine Bestellung als Hafenkapitän in Brake.
Am 1. Januar 1949 sollte ich da anfangen.

Ingenieur Goering: Ich bin bei der Werft geblieben, da gab es viel zu tun und ich hatte ein gesichertes Fortkommen. Nach drei Jahren Betriebsassistenz wurde ich dort Betriebsingenieur. Da wurde noch nicht nach Sonnabend und Sonntag gefragt, sondern einfach: »Wann ist das Schiff fertig?« Und so teilten wir uns das ein. Alle drei Wochen mußte ich Sonnabend und Sonntag hin zur Werft. Wir waren drei Betriebsingenieure und konnten uns das so ein bißchen einteilen. Es kam aber auch vor, daß ich in Winterhude aus dem Kino kam und der Wagen der Werft stand schon davor: »Bitte Herr Goering, steigen Sie ein. Wir fahren zur Werft!« Ist auch dagewesen.

Kapitän Stephan: Die »Hannover« habe ich am meisten geliebt. Das war ein so schönes Schiff.
Den Unterschied habe ich nachher erst auf den Kombis, den Kreuzfahrtschiffen, gemerkt. Da fuhr man eben auch mit Ladung. Aber man hatte auch lange Seetörns, sagen wir mal, von Dschibuti nach Colombo rüber, und konnte sich den Passagieren widmen.

Auf einem dieser Kombischiffe habe ich eine sehr komische Geschichte erlebt. Wir saßen in der Bar, und ich wurde aufgefordert zu erzählen. Und fing natürlich mit meinem Unglück mit »Vadder Vietor« an. Und der Strandung auf Fanö. Da guckt mich einer an und sagt: »Käpt'n, war das die Sache mit dem Dynamitschiff?« Ich sag: »Ja!« Er sagt: »Dann hab ich als kleiner Junge zugeschaut, wie man Sie aus dem Wasser geholt hat!« Das war ja interessant. Und die anderen Passagiere, die das hörten, wußten nun, daß der Kapitän kein Seemannslatein sprach, daß die Geschichte wahr war.

Segelmacher Frackowiak: Und ich kam auf die »Alkor«. Mußte extra hinfliegen nach Schottland. Dort bin ich eine ganze Zeit an Bord gewesen. Und zwar hat der so blöde Reisen gemacht, Getreide von Amerika nach Indien, und denn wieder nach dem Persischen Golf. Mit Öl nach Amerika oder Holland oder irgendwo. Ein einziges Mal bin ich während der ganzen siebzehn Jahre, wo ich da gefahren habe, in Hamburg gewesen. Mit dem Schiff, mit Getreide. Da gab es nur Dollar. Und ich hatte gut eineinhalbmal soviel, als wenn ich auf einem deutschen Schiff gefahren wäre. Was ich da kriegte? Rund achthundert Dollar, glaube ich. Der Dollar war ja noch vier Mark zwanzig wert. Jeden Monat, und dazu noch als Offizier die Überstunden.

Kapitän von Essen: »Lüneburg« hieß dieser schöne Dampfer, und der sollte, es war so kurz nach dem Krieg, zum erstenmal die Fahrt um die Maghalhãesstraße machen, aber so rum. Also, die Ostküste runter. Für die südlichen Chilehäfen zu laden und eventuell in Brasilien auch Kaffee.

Zimmermann Wolff: Ob Kapitän, Erster Offizier, Bootsmann oder Zimmermann, früher hieß es immer: «Das ist mein Schiff.« Und war der Urlaub vorbei, ging man wieder auf das Schiff zurück. Das hörte jetzt alles auf. Wir machten zwei Reisen auf einem Container, und in der Zeit kam ein anderer, und er kriegte ein anderes Schiff. Und damit hörte auch das Interesse an dem Schiff auf, das Interesse an Sauberkeit und so, denn jeder sagte sich: »Ach, ich geh nach zwei Reisen ja doch wieder von Bord!«

Kapitän von Essen: Mittlerweile war man nicht mehr scharf darauf, lange Reisen zu machen. Von Antwerpen bis wieder zurück; und nach Antwerpen dauerte es höchstens sechs Wochen. Da konnte meine Frau bis Antwerpen mitfahren, und wenn ich dann wieder zurückkam, war sie schon da.

Zimmermann Wolff: 1975 kam dann endgültig raus, daß der Lloyd wieder Passagierdampfer in Betrieb nehmen würde. Ob Neubau oder einfach so gekauft, war noch nicht raus.
Schließlich wollten sie so ein französisches Schiff kaufen, die »Pasteur«, die weit draußen in Brest, im Nordatlantik vor Anker lag. Aber der Franzose wollte nicht. Die »Pasteur« hatte nämlich das Kreuz der Ehrenlegion, weil sie das französische Gold von Frankreich nach Martinique gebracht hatte, um es vor den einmarschierten

Deutschen in Sicherheit zu bringen. Und so weigerten sie sich, uns an Bord zu lassen. Erst nachdem die Agentur eingeschaltet wurde, haben sie sich spät am Abend mit den deutschen Behörden einigen können und uns mit ihren Motorbooten an Bord gebracht.

Und wir mußten noch durch diese lange schmale Bucht durch, alles stand voll, war schwarz voller Menschen, die ihre Faust gehoben haben und geschimpft, daß gerade wir als Deutsche ihr Spezialschiff mit dem Kreuz der Ehrenlegion wegfuhren. Es war ja die höchste Auszeichnung, die so ein Schiff kriegen konnte. Na gut, sie haben uns nichts getan, aber gut gesinnt waren sie uns nicht. Wir sind dann mit eigener Kraft und einer Maschine nach Bremerhaven gefahren. Da haben wir außerhalb gelegen, und der Lloyd fing auch schon an abzuwracken. Geblieben ist von der eigentlichen »Pasteur« nur die Außenhaut. Alles, was drin war, kam raus, alles, nicht ein Stück ist dringeblieben, keine Rohrleitung, kein nichts, alles wurde neu! In einem Jahr und soundsoviel Monaten haben wir die »Pasteur« umgebaut. Die Zeit spielte eine große Rolle, der Lloyd wollte so schnell wie möglich wieder rein in den Dienst.

Kapitän Stephan: Und dann kam die Zeit mit der »Hanseatic«. Denn auf die wurde ich eines Tages beordert, als Ablösungskapitän. Die Israelis hatten das Schiff verkauft, weil sie mit dem nicht klarkamen. Also, es brachte keinen Gewinn. Und dann haben wir das Schiff gekauft, und ich holte es in St. Lazaire ab und brachte es nach Hamburg. Und hier wurden wir empfangen wie eine Königin. Leider goß es wie in Strömen, und dennoch

war das Ufer mit Zehntausenden Leuten bevölkert. Die Feuerlöscherboote spritzten vor mir Riesenfontänen, und ich schimpfte furchtbar, denn es nahm mir die Sicht auf die ganzen Juhu-Boote, die immer vor Blankenese sind. Ich hatte furchtbare Angst, daß ich irgend so ein Boot umfahre. Aber es ist alles geglückt. Wir gingen dann nach Hamburg rein, machten bei den Landungsbrücken einen Törn und fuhren dann in die Werft. Und da kriegte die »Hanseatic« noch ihren letzten Schliff.

Ingenieur Goering: Die »Hansatic« ist ein Schiff, mit dem ich mich später noch beschäftigen mußte. Ich kannte die Anlage ja sehr gut, ich muß sagen, aus dem Effeff. Kesselanlagen, Maschinenanlage, alles, was dazugehört. Und wenn die »Hanseatic« wieder ihre Reise machte und aus New York zurückkam, fuhr sie meistens nur nach Cuxhaven, wenn da irgendwelche kleinen Reparaturen, Überholungsarbeiten zu machen waren. Damit das Schiff termingerecht wieder in See fahren konnte.

Kapitän Stephan: Auf einem Passagierdampfer sind ja Passagiere, die sie auch attendieren müssen. Sie müssen sich immer sehen lassen. Läßt der Kapitän sich beim Essen mal nicht sehen, heißt es gleich: »Was ist los? Geht das Schiff unter, oder was ist los?« Nicht?

Zimmermann Wolff: Der ist nur Repräsentant, nix weiter. Er muß repräsentieren können, gut aussehen und mit Passagieren umgehen können. Küß die Hand, gnädige Frau und so weiter.

Kapitän Stephan: Das sagen die anderen, die eben nicht auf einem Passagierdampfer gefahren haben, mit einem gewissen Neid. Die sagen: »Das ist ein Musikdampfer. Ich würde nie auf einem Musikdampfer fahren!« Ich sag: »Du bist auch gar nicht fähig, da gehört eine gewisse Bildung zu und ein gewisses Benehmen!« Ich hab nicht gesagt, daß er es nicht hatte, ich sagte, das gehört dazu. »Also, mach dir mal keine Sorgen, daß du etwas verpaßt hast!« Es wird dann so dahergeredet. Die nehmen übel, daß man auf einem Musikdampfer gefahren hat.

Zimmermann Wolff: Und dann die Kreuzfahrten. Silvester, die berühmte Madeirafahrt. Die Silvesterfahrt, die müssen Sie auch mal mitmachen. Da sind mindestens zehn, zwölf Schiffe auf Madeira Funchal. Und dann ist Silvester das Feuerwerk, da kommt auf jeden von diesen Passagierdampfern ein Feuerwerk, jeder hat sein eigenes Feuerwerk. Wir hatten einen echten Feuerwerker an Bord, und oben am Schornstein wurde aufgebaut. Und auf einmal hieß es, die »Pasteur« wird verkauft. Da war manch einer, der seinen Job verloren hat. Wir zum Beispiel konnten wieder unterschlüpfen, auch Stewards und Köche und auch die Nautiker. Denn jetzt wurden große Schiffe gebaut, wo sie doch bloß die Hälfte Besatzung brauchten wie auf normalen Schiffen.

Ingenieur Goering: Das kam vor allen Dingen durch die Entwicklung zu den Containerschiffen. Die haben nun manchmal Liegezeiten von ein oder zwei Tagen. Und fahren sofort wieder raus. Das war bei uns früher ja ganz anders. Wir hatten immer vier oder fünf Tage oder sieben Tage oder vierzehn Tage Liegezeit.

Kapitän Memmen: Den Unterschied hab ich selbst miterlebt. Die Wochen, eventuell Monate, die das Segelschiff im Hafen lag. Und dann die Dampferliegezeit. Selbst mit dem Schnelldampfer »Bremen« lagen wir ja immerhin noch ein oder zwei Tage im Hafen. Heute geht das nur noch um Stunden.

Kapitän von Essen: An und für sich hat sich das traurig entwickelt. Daß das Menschliche vorbei ist. Jetzt fährst du zur See, daß du nur aufs Knöpfchen drückst. Zum Teil fahren die jetzt gerade noch mit zwölf Mann auf den Schiffen. Aber dann wird am Schiff auch nichts gemacht, nur das Gröbste wird bedient.

Zimmermann Wolff: Wir haben immer weniger Schiffe. Und die Schiffe werden immer größer, und die Besatzung wird auch immer weniger. Die liegen alle auf der Straße, die müssen alle einen anderen Beruf anfangen. Ich hab schon manchem Kapitän gesagt: »Sieh zu, daß du was anders lernst, sonst gehst du bald als Reisender in Damenunterwäsche! Oder sonstwas und hast Seemann gelernt!«

Kapitän von Essen: Der Vorteil des seemännischen Berufes ist, daß sein Blick weit wird, daß er kein Tintenkacker bleibt. Dadurch, daß er mit anderen Menschen zusammenkommt und andere Sprachen hört, er braucht sich gar nicht groß zu beteiligen, wird er in seinem Denken und seinen Gefühlen zwangsläufig großzügiger. »Keep smiling!«, wie man so schön sagt. Man darf das nicht mit immer nur lächeln verwechseln, man kann sich dabei auch denken: »Ach, schiet an Boom!«, wie wir Seeleute sagen.

Kapitän Memmen: Schon Joseph Conrad schrieb: »Nachfolger haben wir nicht mehr!« Sondern es sind Nachkommen, die jetzt auf einem anderen Gebiet wirken. Die die Aufgabe ähnlich zu erfüllen haben, aber eine ganz andere Aufgabe.
Die Stellung des Kapitäns ist leider nicht mehr so wie früher, sie ist durch die moderne Navigation, durch vieles anders geworden. Seine Aufgabe ist nach wie vor, ein Schiff sicher über See zu fahren. Sicher die Ladung und die Passagiere, besonders die Passagiere, an Land zu geben, und wieder von Land zu Land zu befördern. Das ist geblieben.
Wir brauchen heute nicht mehr so viele Schiffe wie früher.

Kapitän Stephan: Man hat die Welt kennengelernt, man weiß, daß es woanders auch geht, nicht wahr. Nicht nur unsere große Überheblichkeit. Das hab ich kennengelernt.

Heizer Dr. Helbig: Unsinnig ist es, immer wieder auf neue Ausrichtungen auszugehen, wenn die alten noch lange nicht verbraucht sind oder noch gut genug oder noch besser sind wie die gegenwärtigen. Wozu braucht man immer schnellere Motoren? Man hätte diese Leute, die Erfinder, darauf festlegen müssen: »Bitte schön, sorgt dafür, daß sie leiser werden!« Schneller brauchen wir nicht. Wozu denn immer diese ungeheuerlichen Rekorde? Dafür bin ich gar nicht.

# IM RUHESTAND

Kapitän von Essen: Weil ich in der Nähe vom Flugplatz wohne, hab ich immer noch Ablösereisen gemacht. Noch bis 1973, also bis ich siebzig Jahre wurde. Sollte jemand in Antwerpen abgelöst werden, weil er nach Hause wollte, krank war oder Geburtstag hatte oder sonstwas, denn haben sie hier angerufen: »Können Sie in anderthalb Stunden auf dem Flugplatz sein?« Einmal hatte ich nur zwei Stunden Zeit: Hörst du den Namen des Schiffes, klickt bei dir auch schon das Relais, da bist du schon dreiviertel an Bord.

Kapitän Stephan: Ich bin 1972 pensioniert worden. Und die letzte Fahrt auf der »Hanseatic«, auf der »Shalom« war bemerkenswert, die möchte ich noch einmal erzählen. Wir fuhren also mit der »Hanseatic« das erste Mal durch den Panama-Kanal nach Callao, dem Hafen von Lima, Peru, und dann weiter nach Valparaíso. Und Valparaíso war mir ja nun vom Krieg her sehr gut bekannt und auch vom Segelschiff. Also, ich wurde da begrüßt, das war ganz fabelhaft. Es hat mich so angerührt, wie die Besatzung angetreten war, vierhundert Mann standen da, und alle, ich sage es, alle waren auch traurig.

Danach bin ich täglich an die Elbe gelaufen und habe meinen Schiffen nachgeguckt. Und meine Frau sagte immer: »Du wirst noch verrückt, wenn du so weitermachst!« Ich sag: »Natürlich, ich bin's ja jetzt schon!«

Ingenieur Goering: Einmal muß jeder in den Ruhestand gehen. Und ich hab gedacht: Wenn du im Ruhestand noch einige Jahre lebst, vielleicht bis du zweiundsiebzig bist, dann hast du noch sieben glückliche Jahre. Dann hast du noch was von deiner Rente mit deiner Frau und deiner Familie und kannst vielleicht noch ein bißchen reisen. Das waren so meine stillen Wünsche, daß ich zweiundsiebzig werde. Das hab ich auch bei der Seefahrt mal gedacht. Dann saß ich am Atlantik an einem Ufer, hab in die Sterne geguckt und dachte: »Ach Gott, wenn du mal fünfundsechzig wirst und dann noch sieben Jahre, das wäre schön.« Sieben Jahre im Ruhestand. Und heute bin ich vierundachtzig und bin dem lieben Gott dankbar, daß ich hier sitze und erzählen kann und erzählen darf.

Koch Rauch: Ich kann mich gar nicht zur Ruhe setzen. Ich glaube, mich muß es einfach mal irgendwann erwischen. Ja, ich kann gar nicht zur Ruhe. Ich weiß ja gar nicht, was ich machen soll. Hier bin ich seit 1966. Immer bin ich hier vorbeigegangen und habe mir dies Lokal, dieses Haus angesehen. Gegenüber vom Michel. Und zu dieser Zeit wurde gerade das alte »Old Commercial« abgerissen. Und da bin ich zu der Frau Vogt hingegangen, das war die alte Besitzerin, und habe gefragt, ob sie was dagegen hätte, wenn ich in etwa so um den Michel herum etwas aufmache und den Namen ihres Lokals benutze. »Natürlich nicht, machen Sie das!« Na und jetzt setze ich hier so annähernd vier Millionen um. Ja.

Kapitän Memmen: Da bin ich in den Ruhestand versetzt worden, mit 65 Jahren. Und schon vorher hatte man mir gesagt: »Haben Sie nicht Interesse am Bundesoberseeamt?« Und so bin ich gleich nach meiner Pensionierung als beamteter Schiffahrts-Sachverständiger zum Oberseeamt gekommen, als ständiger Beisitzer. Das hätte sich der Schiffsjunge Emil Memmen, der da 1920 zur See ging, nicht träumen lassen, daß er eines Tages hier stehen und diese Anerkennung finden würde. Und das ist mir bewußt geworden, als mir das Bundesverdienstkreuz verliehen wurde.

Zimmermann Wolff: Wie ich aufgehört habe, zwischendurch hatte ich noch mal Vertretung gemacht, waren schon Türken und Griechen an Bord. Und da hab ich mir gesagt: »Jetzt mach ich gar nichts mehr.«
Zuerst war es ein bißchen hart für mich, aber dann habe ich meine Spaziergänge entdeckt. Ich bin vormittags anderthalb Stunden und nachmittags anderthalb Stunden gelaufen. Und das tat mir gut, das juckt mich, das muß ich. Und das hält mich frisch.
Drei-, viermal im Monat haben wir noch unseren Tanznachmittag. Ich tanze und alle Witwen, die mit uns am Tisch sitzen, wollen mit mir tanzen. Warum? Ich war der Eintänzer, fing mit meiner Frau an und mußte dann den Tisch rundgehen. Das waren fünf Witwen, also hatte ich fünf Tänze – danach konnt' ich mein Hemd auswringen! Kannst dir ja denken, zweimal wird gespielt. Und da hab ich gesagt: »Du Musch, da muß ich auch bald Schluß mit machen, sonst bringen mich diese Witwen noch übers Kreuz!« »Wenn ich noch zwanzig Jahre jünger wäre, hätte ich mir noch manche rausgesucht«, sag ich, »aber jetzt hab ich an dir genug. Jetzt brauch ich keine andere mehr!«

Koch Rauch: Ich verdränge den Gedanken an den Tod und was darüber hinaus sein könnte sofort. Also, ich denke auch nicht darüber nach. Und wenn ich höre, daß einer nun: »Wissen Sie, daß der und der schon tot ist?« sagt, fang ich sofort ein anderes Kapitel an. Nicht um den zu beleidigen, aber ich verdränge das sofort. Das Wort Tod verdränge ich. Ich meine, das ist vielleicht das beste, er kommt ja sowieso. Aber mit länger leben und weiter leben, das kann ich mir gar nicht vorstellen. Ich will mich auch nicht vertiefen in dieses Ding. Es ist furchtbar, nicht?

Kapitän Stephan: Ich möchte nicht begraben werden. Die Urne wird von der Hapag auf ein Hapag-Schiff gegeben und mitten im Atlantik versenkt. Ich will nicht in der schmutzigen Nordsee da liegen. Es ist ja eigentlich gleichgültig, aber ich möchte gern auf halbem Weg nach meiner geliebten Karibik über Bord geworfen werden.

Kapitän von Essen: Natürlich bin ich in manches Fettnäpfchen getreten und hab auch manchen Schiet durchmachen müssen, nicht wahr. Ohne dem geht's ja nicht. Das ist der Pfeffer im Leben, daß man da sowas mitmacht. Und wenn das so richtig schietig gewesen ist, ich will den hochdeutschen Ausdruck hier nicht gebrauchen, kann man den Wert des guten Lebens doch ganz anders erleben und beurteilen und ertragen. Ich leb gern, das muß ich sagen. Also ehrlich gesagt, morgens, wenn ich hier bei einigermaßen gutem Wetter mit dem Rad so durch die Gegend sausen kann, ist das richtig eine Freude. Und dann bin ich zu allen Schandtaten bereit.

Und wenn ich wieder nach Hause komme, paßt meine Frau schon auf, daß genügend Beschäftigung da ist. Im Garten und so weiter.

Also wenn morgen Feierabend ist, ich bin innerlich bereit. Sofort. Ich bin jetzt so alt geworden. Dann sag ich »tschüß« hier und »Shake hands, Petrus«. Wenn es soweit ist, das hab ich dem Petrus versprochen, bring ich 'ne Buddel Holsten mit. Die geb ich ihm in die Hand, und der läßt mich rein. Der braucht mich nicht reinzulassen, ich gehöre ja eigentlich in die Hölle, aber er soll bloß seinen Arm hochheben und dann mal 'nen Schluck nehmen. Und ich jump in den Himmel. Und mit den Engeln komme ich schon klar.


Zimmermann Wolff: Solange einer von uns beiden noch auf den Beinen ist, brauchen wir niemanden. Ich kann meine Frau ersetzen, und meine Frau kann mich verpflegen. Daß wir einmal abtreten müssen, weiß ich, das weiß man, wenn man älter wird. Jeder. Ich lauf doch unheimlich gerne, laufen, laufen, tanzen, alles noch gerne. Aber sollte der Tag kommen, wo ich hier sitzen muß und kann nicht mehr, da hab ich Angst vor.


Heizer Dr. Helbig: Nach dem zweiundachtzigsten Jahr kommt ein merkwürdiger Wandel. Bis zweiundachtzig kann man sich ebensogut noch wie ein Fünfundsiebzigjähriger oder Achtundsechzigjähriger fühlen. Aber bei zwei- oder dreiundachtzig denkt man doch viel daran. Da hab ich mir den Slogan geprägt, daß ich Pläne für ein Jahr mache, aber ein Programm für eine Woche, dann kann nichts passieren. Pläne kann man, muß man sogar

*...nach dem zweiundachtzigsten Jahr kommt ein merkwürdiger Wandel...*

haben, denn sonst wird's leer, nicht. Aber um Gottes willen nicht schon Programme machen, was morgen ist. Denn mit vierundachtzig, weiß man da, was heute abend ist?

Nicht jeden Bibelvers halte ich für richtig. Aber es imponiert mir schon, daß gerade im Alten sowohl wie im Neuen Testament das Wort Friede zehntausendmal mehr vorkommt wie der Krieg. Und so bin ich auch überzeugt, daß der Mensch nicht das höchste Wesen ist.

Das ist ganz unmöglich, daß Menschen alles das geschaffen haben, was wir die Welt und die Erde nennen. Da müssen irgendwelche Kräfte gewesen sein, die kein Mensch je erreichen wird. Wer das ist, das weiß ich nicht, ich werde nie Gott oder sonst jemanden dafür heranziehen, aber ich weiß, daß der Mensch nicht die Nummer eins im Weltgeschehen sein kann, das ist ganz unmöglich. Da müssen Kräfte vorhanden sein, die über uns stehen. Wieso? Wie das jemand erklären will? Kommt das aus dem Nichts? Aus dem Nichts kommt gar nichts. Und es ist ja nicht nur diese lächerlich kleine Erde hier, es sind ja Tausende und aber Tausende von Sternen, die irgendwie da sind. Aus dem Nichts können sie nicht kommen, aber wer hat es gemacht? Wer hat dafür gesorgt, daß das so ist, alles?

# NACHWORT

### Eberhard Fechner über seinen Film
### »La Paloma – Seemannsgeschichten«

Eberhard Fechner (links) zusammen mit dem Ingenieur Julius Herrmann Goering.

*»Ich versuche, mich der Realität der
Schicksale anzunähern.«*

»Der erste beste, der vorübergeht, reicht zum Helden
aus.« Dieser Satz von Emile Zola könnte als Motto über
jedem meiner Filme aus der Reihe »Erlebte Geschichten« stehen, so auch über »La Paloma«. Als ich den Plan
faßte, die Reihe durch einen Film über Seeleute zu er-
gänzen, wußte ich nicht mehr von ihnen und ihrem
Beruf, als die meisten von uns. »Seefahrt« ist ein Begriff,
der – vollgestopft mit Klischees und Vorurteilen und einer Unzahl verlogener Schlagertexte – Sinnbild für ro-
mantischen Kitsch geworden ist. War es möglich, durch
diesen süßlichen Nebel hindurch etwas vom tatsächli-
chen Leben der Seeleute zu entdecken? War es möglich
herauszufinden, was es bedeutete, diesem Beruf in unserem Jahrhundert nachzugehen? Und schließlich wollte
ich wissen, ob sich das Schicksal von Seeleuten wirklich
von dem anderer Bürger unterscheidet. Denn das hatte
sich bei den vorangegangenen Filmen herausgestellt:
Gleichgültig, woher die Menschen kamen, die ich be-
fragte, und welchen Weg sie später gingen, ihre Indivi-
dualität war unverwechselbar, einzigartig, aber von den
Ereignissen des Zwanzigsten Jahrhunderts waren alle
gleichermaßen betroffen und geprägt.
Eines war mir zumindest bekannt: Der Beruf des
Seemanns, einer der ältesten der Menschheit überhaupt,
ist bei uns vom Aussterben bedroht. Wichtig war es also, alte Menschen zu finden, die viel von dem Jahrhundert zu berichten wußten, aber auch von den Verände-

rungen, die sie in ihrem Beruf erlebt hatten. Auch lag mir daran, daß meine Interviewpartner möglichst unterschiedliche Tätigkeitsbereiche auf den Schiffen ausgeübt hatten. Also nicht nur die sagenhaften Kapitäne, die Kap Hoorn noch als Schiffsjungen auf Segelschiffen umrundeten, es sollten auch Ingenieure dabeisein, Handwerker wie Segelmacher und Schiffszimmermann, ein Schiffskoch und andere. Doch wo konnte man diese Menschen finden? Da kam mir der Journalist Hans Hermann Schlünz zu Hilfe. Selbst ein alter Seemann, kannte er die verschiedenen Institutionen, über die ich weiter forschen konnte: den Verband deutscher Schiffsingenieure, die Kapitänsvereinigungen in verschiedenen norddeutschen Städten, wie zum Beispiel die Hapag, Seemannsaltenheime wie »Fallen Anker« in Hamburg und »Haus Seefahrt« in Bremen-Lesum usw. Hans Hermann Schlünz beriet mich, so gut er konnte, und dann begab ich mich durch Norddeutschland auf die Suche, begleitet von meiner Frau, die bei allen meinen Filmen Regieassistentin ist. Am Ende blieben für den Film – mehr zufällig als ausgewählt – elf Männer übrig: der Leitende Ingenieur Hans Bick, Kapitän Leonhard Daubenmerkel, Kapitän Otto von Essen, der Segelmacher Paul Frackowiak, der Obersteward Arnold Fürst, der Zweite Schiffsingenieur Erich Goering, der Heizer und Geograph Dr. Karl Helbig, Hafenkapitän Emil Memmen, der Schiffskoch Paul Rauch, Kapitän »Sunshine« Herbert Stephan und der Schiffszimmermann Walter Wolff. Sie alle waren am Anfang dieses Jahrhunderts geboren, einer sogar noch im vergangenen, und sie waren bereit, vor der Kamera von ihrem langen Leben zu berichten.

Grundlage meiner Arbeit ist der Gedanke, daß zwischen Wirklichkeit und Realität ein dialektischer Widerspruch besteht. Wirklichkeit – so wie wir sie erleben – wird durch das Individuum selbst bestimmt, bleibt also immer nur subjektiv empfunden. Die Realität dagegen existiert unabhängig von uns und unseren Wahrnehmungen und ist im Unterschied zur Wirklichkeit das tatsächlich Gegebene, der Zusammenhang aller Dinge. Wenn das so ist – und ich glaube daran –, kann die Wahrheit durch uns nie verifizierbar, also nachprüfbar, sein. Alles was ich in diesem Sinne versuche, ist im Ergebnis bestenfalls wahrscheinlich. Künstlerisch empfinde ich mich als Realist. Das heißt, als jemand, der versucht, durch die Oberfläche der subjektiven Wirklichkeit hindurch Mechanismen und Teile der Realität sichtbar zu machen, in der Hoffnung, ihr so nahe wie möglich zu kommen. Doch das sind nur theoretische Überlegungen, die meine Arbeit mitbeeinflussen. Thema sind Schicksale der Menschen, die ich interviewe.

Auch in »La Paloma« hat jeder von ihnen seine eigene Geschichte. Einer von ihnen ist auf einem Bauernhof in Franken aufgewachsen, einer in Oberschlesien, andere kamen aus Pommern, Hildesheim und natürlich aus Bremen und Hamburg. Viele außer ihnen wird es nicht mehr geben, die noch von der Handelsschiffahrt auf Segelschiffen berichten können. Sie fuhren aber auch auf Dampfern, die mit Kohle betrieben wurden und später mit Öl. Und am Ende ihres Berufslebens fanden sich die meisten von ihnen auf Containerschiffen wieder. Am Anfang des Zwanzigsten Jahrhunderts geboren, haben sie noch Kindheitserinnerungen an das Kaiserreich mit seinen Manövern, Sedanfeiern und Kaiserbesuchen, bei denen sie als Schüler fähnchenschwenkend am Straßenrand standen. Der Erste Weltkrieg weckte in ihnen verschiedenartige Gefühle. Einerseits war da der »heroische Kampf«, andererseits gab es Elend, Hunger und Tod. Einer von ihnen mußte 1917 noch Soldat werden und kam in französische Gefangenschaft. Ein anderer beteiligte sich nach der Revolution 1918 am Kapp-Putsch. Für die meisten aber begannen gleich nach dem Kriegsende die Lehrjahre.

Seefahrt – ich sagte es schon – schmeckt für uns nach Romantik, weiter Welt, fremden Häfen und Abenteuern. In Wahrheit war das Leben der Seeleute damals entbehrungsreich, armselig und eintönig. Die Arbeit war schwer, das Essen schlecht, und oft fehlte sogar das Wasser. Bis zu zwei Jahren dauerte manche Reise. Bei Sturm hieß es in über sechzig Meter Höhe die obersten Segel reffen, und auf den Dampfern verfeuerten die Heizer am Tag fünfzig Tonnen, also eintausend Zentner Kohle, bei Durchschnittstemperaturen von fünfundvierzig Grad. Aber sie sind heute noch stolz darauf, daß sie sich durchgebissen haben, daß sie nicht aufgaben. Dafür bekamen sie eine erbärmliche Entlohnung. Anfangs nahm ihnen die Inflation alles weg, später mußten sie als Matrosen mit fünfzig Pfennig Stundenlohn auskommen. Sie sparten das wenige Geld – Kost und Logis an Bord waren ja frei –, damit sie weiterkamen. Sie besuchten Nautikkurse und Ingenieursschulen, machten ihre Examen, stiegen auf in der Schiffshierarchie und heirateten Ende der Zwanziger Jahre, also mitten in der Zeit der großen Arbeitslosigkeit, von der auch sie betroffen wurden. Dann begann die Nazizeit, die die Seeleute im Gegensatz zu anderen nur am Rande erlebt hatten. Waren sie doch monatelang, oft jahrelang unterwegs, und ihre Urlaube in Deutschland beschränkten sich meist auf wenige Tage. Natürlich gab es auf jedem Schiff eine Zelle oder Ortsgruppe der Partei. Aber wenn man wollte, konnte man sich davon fernhalten. Logisch, wollte man Kapitän werden, mußte man in die Partei eintreten. Einige der Seeleute, die ich interviewt habe, haben es getan. Andere weigerten sich, weil sie politisch anders dachten. Zeigen durften sie das natürlich nicht. Vom Zweiten Weltkrieg wurden die meisten von ihnen auf hoher See überrascht, im Pazifik, im Indischen Ozean, in der Nordsee. Wer von den Engländern gekapert wurde, kam als Handelsschiffer nach Kanada oder Südafrika in Internierung. Für ihn war der Krieg zu Ende. Die der Internierung entgingen, taten Kriegsdienst auf Hilfskreuzern, Lazarettschiffen, Versorgungsdampfern und auf U-Booten. Einem gelang es, auf seinem Schiff die Blockade der Engländer zu durchbrechen. In den Bombennächten wurden ihre Wohnungen zerstört. Ihre Frauen und Kinder überlebten zum Glück. Einen traf es am Kriegsende besonders schwer, er war auf der »Wilhelm Gustloff«, die am 30. Januar 1945 mit sechstausend Menschen unterging. Nur wenige Hundert konnten gerettet werden. Er war darunter.

Nachkriegszeit. Mit der Seefahrt war für Jahre Schluß. Die Seeleute mußten sich andere Tätigkeiten suchen, als Schauerleute zum Beispiel, als Wachmänner im Hafen, oder sie versuchten ihr Glück auf dem Schwarzen Markt.

Nach der Währungsreform entstand langsam wieder eine deutsche Schiffahrt. Unsere Seeleute gingen noch einmal an Bord. Doch in den letzten Jahrzehnten ihres Berufslebens wandelte sich das Bild der christlichen Seefahrt. Immer größere Schiffe wurden gebaut, die immer kleinere Besatzungen brauchten. Die alten Seeleute fanden keine Freude mehr an ihrem Beruf, und so waren sie froh, als sie in Pension gehen konnten. Heute leben sie in ihren bürgerlichen Wohnungen oder in Altersheimen. Reich ist keiner von ihnen geworden – bis auf einen vielleicht. Mit ihrem Alter haben sie sich abgefunden, denken manchmal an den Tod und hoffen, daß er noch ein wenig auf sich warten läßt.

Die Drehzeit für den Film »La Paloma – Seemannsgeschichten« (Erstausstrahlung in der ARD: 1. Februar 1989) dauerte vom 16. September bis zum 31. Oktober 1988. Wir waren wie immer nur ein kleines Team: der Kameramann Karsten Müller, der Tonmeister Henner Reichel, der Kameraassistent Markus Lambrecht, Wolfgang Liehr als Aufnahmeleiter, meine Frau als Regieassistentin und ich als Autor und Regisseur. Die Produktionsleitung hatte Hartmut Fischer. Am Ende waren siebenundvierzigtausend Meter Material aufgenommen, das sind über siebzig Stunden. Der fertige Film ist knapp drei Stunden lang.
Oft werde ich gefragt, wofür ich so viel Material brauche. Der Grund ist einfach: Wie jeder Autor recherchiere ich, soviel ich nur kann. Jeder meiner Gesprächspartner erzählt mir ausführlich von seinem Leben. Und bei einem Leben von mehr als achtzig Jahren gibt es viel zu

berichten. Erinnerungen aber brechen häufig ab. Wir Menschen sind vergeßlich. Gedanken machen sich selbständig, sie schweifen ab, kommen von einem zum anderen, um am Ende nach vielen Umwegen wieder dorthin zurückzukehren, wo sie begonnen haben. Diese Interviews sind Rohmaterial, nichts weiter. Während der Dreharbeiten wüßte ich auch nicht zu sagen, wie der spätere Film aussehen wird. Der entsteht mosaikartig Schnitt für Schnitt, Aussage für Aussage am Schneidetisch. Gemeinsam mit meiner Cutterin Brigitte Kirsche versuche ich dabei sehr vorsichtig, mich der Realität dieser Schicksale anzunähern. Bei »La Paloma« dauerte der Schnitt neun Monate, von November 1987 bis Juli 1988.

*

Dieses Buch stützt sich auf das Drehbuch und die einzelnen Interviews mit den Seeleuten, die in dem Film vorkommen, und von denen acht für die Buchfassung berücksichtigt wurden. Manche dieser Interviews umfassen mehrere hundert Seiten – längere Passagen, die für den Film nicht vorgesehen waren, konnten jetzt aufgenommen werden.

# ERLÄUTERUNGEN

von seemännischen Bezeichnungen und Begriffen

*Back:* vorderster, erhöhter Teil des Decks über den, früher ausschließlich »in Vormast« gelegenen, Mannschaftsräumen. Aber auch der Tisch heißt an Bord »Back« und schließlich die Essensschüssel.

*Backbord:* linke Seite des Schiffes in Fahrtrichtung. Bei Dunkelheit rote Positionslampe mitschiffs neben oder etwas unterhalb der Kommandobrücke an der äußeren Bordwand.

*Bilge:* siehe Schiffsboden

*Brigg:* kleines Segelschiff mit zwei vollgetakelten, d.h. mit Rahsegeln besetzten Masten (Fock-und Großmast) und zusätzlichem Gaffelsegel am Großmast. Bei der Schonerbrigg ist nur der Fockmast vollgetakelt, am Großmast befinden sich Schratsegel wie beim Schoner.

*Chief:* Bezeichnung für den Ersten Ingenieur. Der Chief geht auf größeren Schiffen nicht mehr selber auf Wache. Er selbst überwacht alles zusammen, die gesamte Maschine inklusive Heizraum (in seiner Kammer sind sogar Manometer für die Kessel mitangebracht). Gewissermaßen amtiert er als technischer Kapitän.

*Fallreep:* Mit dem Schiff fest verbundene Treppe mit Stufen und Handläufen, die an der äußeren Bordwand zum Kai oder Pier hinuntergefiert werden kann, wenn das Schiff für die Benutzung einer Gangway zu hoch liegt.

*Feuer:* für den Seemann auch: Leuchtfeuer (Leuchtturm)

*Fock:* Das unterste Rahsegel am Fockmast (vorderster Mast) eines rahgetakelten Segelschiffes.

*Focksel:* Eine ältere, aus dem Englischen stammende Bezeichnung für die Mannschaftslogis unter der Back.

*Galeasse:* Kleiner Zweimaster.

*Gösch:* Eine Flagge, die auf Reede und im Hafen an Feiertagen am Bug gesetzt wird.

*Helgen:* Werftboden, auf dem das Schiff ruht.

*herunterfieren:* herunterlassen

*Laeisz:* bedeutendste Hamburger Segelschiffreederei Anfang dieses Jahrhunderts.

*Lee:* (niederdeutsch eigentlich: »warme Stelle«), die dem Wind abgewandte Seite eines Schiffes, die im Windschatten liegt.

*Luv:* (niederdeutsch eigentlich: »Ruderseite« nach dem Hilfsruder, mit dem früher der Schiffssteven gegen den Wind gehalten wurde), die dem Wind zugekehrte Seite des Schiffes.

*Moses:* Schiffsjungen, die an Bord dem einfachen Decks- und Maschinenpersonal helfen.

*Musikdampfer:* geringschätzige Bezeichnung des echten Seemanns für die großen Passagierdampfer.

*Persenning:* mit Teer absolut wasserdicht imprägniertes Segeltuch.

*Politikus:* allgemein seemännische Bezeichnung für die Schöpfkelle bei den Mahlzeiten oder für die Getränkepützen im Heizraum.

*Pütz(e):* Eimer, Kübel. Ein geräumiger, hüfthoher Kübel zur Beseitigung von Asche und Schlacken aus dem Heizraum: *Aschpütz.*

*Rah:* querschiffs waagerecht am Mast eines Schiffes beweglich angebrachtes Rundholz zum Tragen der Rahsegel.

*Reede, auf Reede liegen:* nicht an einem Kai oder einer Pier festgemacht, sondern abseits von Land am Anker liegen.

*rollen:* schwankende Bewegung des Schiffes in der Quer- und Längsrichtung zugleich.

*Schiffsboden:* Der sichtbare Boden der Lade-, Maschinen-und Heizräume ist nicht der tatsächliche. Die Fortsetzung nach unten stellt sich der Laie gern wie bei manchen Spielzeugschiffen fälschlicherweise in einen scharfen Kiel zulaufend vor, während der wahre Boden genauso waagerecht wie der sichtbare ist. Beide Böden schließen einen bis zu Mannshöhe oder etwas mehr betragenden Zwischenraum ein. Dieser ist aufgeteilt in Ballast-Trink-und Kesselwassertanks, randlich umgeben von den *Bilgen*.

*Seefahrtsbuch:* Das Arbeitsbuch des Seemanns, in dem seine An- und Abmusterung, Name und Unterscheidungsmerkmal des Schiffes, Name des Kapitäns, Ziel und Dauer der Reise vermerkt werden. Als Anhang enthält es die »Seemannsordnung«, gewissermaßen das Gesetzbuch für Seeleute.

*Steuerbord:* Rechte Seite des Schiffes in Fahrtrichtung. Bei Dunkelheit grüne Positionslampe.

*Talje:* eine Schiffs- und Hafenbezeichnung für den Flaschenzug.

*Toppsgast:* Gasten sind eine gewisse Anzahl Matrosen oder Seeleute, die zu irgendeinem Schiffsdienst bestimmt sind. Die Toppsgasten sind also verantwortlich für alles was mit der Mastspitze zu tun hat.

*Trimmer:* Kohlenzieher. Schafft für den/die Heizer die Kohlen aus den Bunkern heran, hilft ihnen beim Reinigen der Feuer und Wegschaffen der Asche.

*Wache:* Die Arbeitszeit auf See ist für das Decks- und Maschinenpersonal in 3 Wachen: 12-4, 4-8, 8-12, Tag und Nacht durchgehend, eingeteilt. Die ungünstige Erste Wache wird auch Hundewache genannt.

*Windhutze:* Ein aus den unteren Schiffsräumen bis über Deck hinausragendes Rohr unterschiedlichen Umfangs, oben mit einem drehbaren Windfang.

# Photonachweise

Erich Andres: 141, 144, 161
Blohm & Voss: 117
dpa/dpd: 159
Oliver Hadji: 10, 15, 18, 22, 26, 31, 38, 42, 177, 185
Hapag-Lloyd AG.: 91
Archiv Dr. Helbig: 56, 81, 82, 88, 95, 96
Arnold Kludas: 125, 126
Ranolf Kugler: 146
Walter Lüden: 170/171
Erich Staisch: 158
transpress: 66
Weigelt: 183
Alle anderen Photos: Archiv Eberhard Fechner

# EBERHARD FECHNER

Eberhard Fechner
**Die Comedian Harmonists**
Sechs Lebensläufe
452 Seiten, gebunden mit Schutzumschlag
ISBN 3-88679-274-9

Eberhard Fechner
**Nachrede auf Klara Heydebreck**
168 Seiten, gebunden mit Schutzumschlag
ISBN 3-88679-186-6

Eberhard und Jannet Fechner
**Die Grunewaldvilla**
Roman
248 Seiten, gebunden mit Schutzumschlag
ISBN 3-88679-704-X

Egon Netenjakob
**Eberhard Fechner**
Lebensläufe dieses Jahrhunderts im Film
Eine Biographie
243 Seiten, 34 Abbildungen, Leinen
ISBN 3-88679-181-5

**BELTZ**QUADRIGA